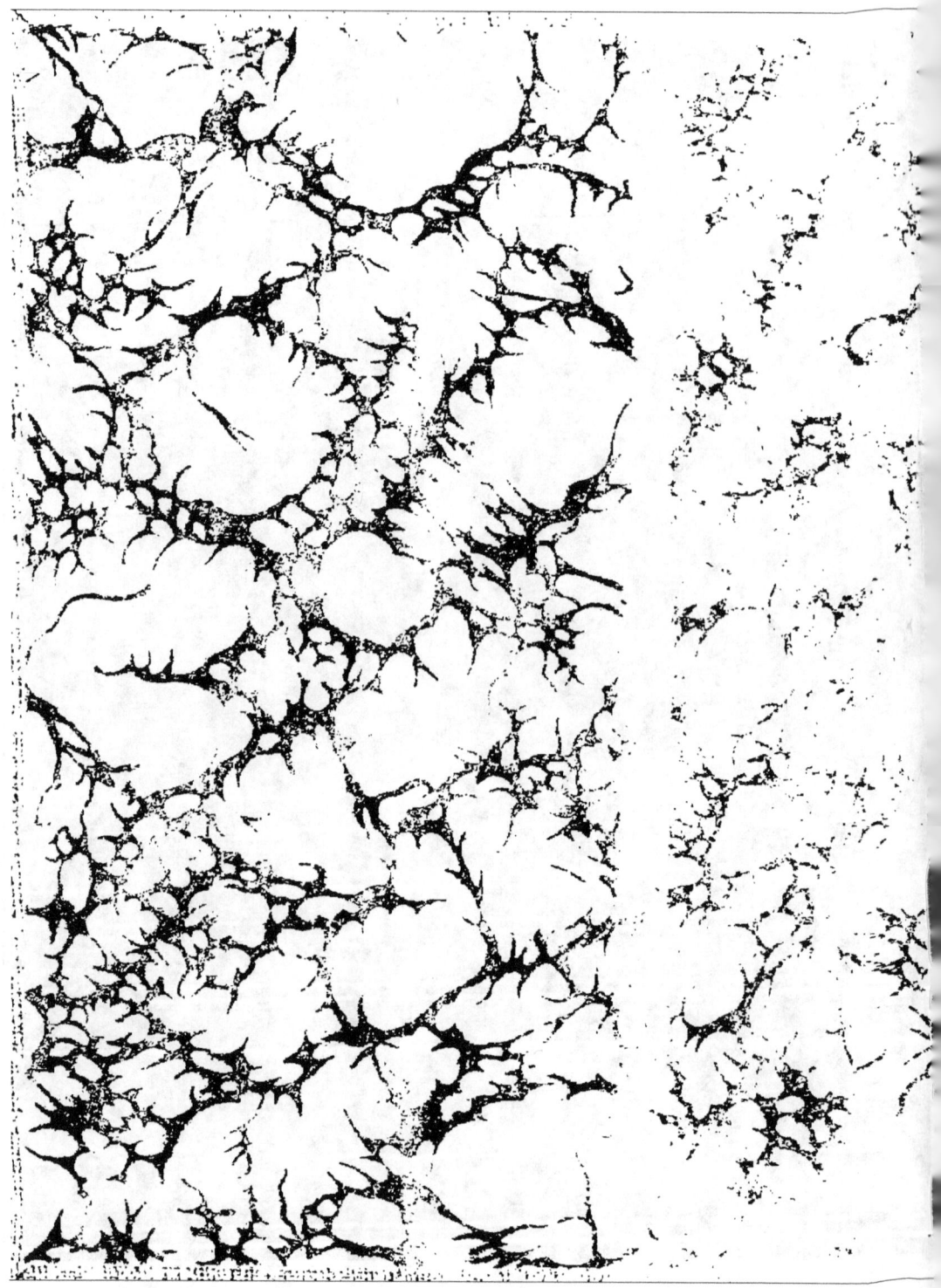

HISTORIQUE DE LA GUERRE

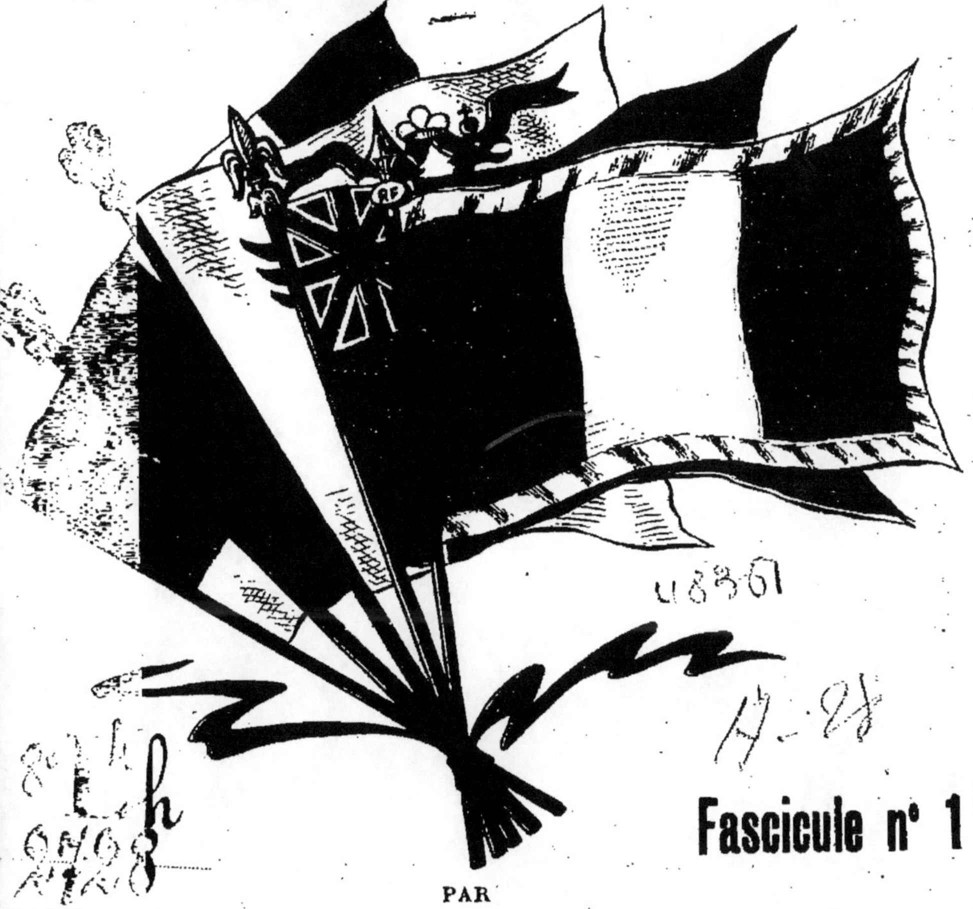

Fascicule n° 17

PAR

Ferdinand BAUDOUIN

Ancien Officier de Réserve
Juge de paix à Ruffec, Maire de Couture-d'Argenson (2-Sèvres)
Officier de l'Instruction Publique

HISTORIQUE
DE
LA GUERRE

PAR

Ferdinand BAUDOUIN

*Ancien Officier de réserve,
Juge de Paix à Ruffec, Maire de Couture-d'Argenson,
Officier de l'Instruction Publique.*

DIX-SEPTIÈME PARTIE

Violent combat à l'est d'Ypres.
Anniversaire de l'empereur Guillaume et échec de l'offensive allemande.
Attaques ennemies repoussées vers Roye et Soissons.
Avance des Français en Haute-Alsace.
Les Allemands échouent dans leur tentative de franchir l'Aisne.
Un sous-marin russe coule dans la Baltique un torpilleur allemand.
Défaite des Turcs à Soiran (Perse).
Des sous-marins allemands coulent quatre bateaux de commerce anglais.
Une attaque allemande sur La Bassée est repoussée.
Les Français s'emparent d'un bois au nord de Mesnil-les-Hurlus.
Une nouvelle attaque allemande sur Saint-Paul est repoussée.
Violents combats vers Perthes, Mesnil et Massiges.
Un avion allemand est abattu près de Verdun.

NIORT
IMPRIMERIE TH. MARTIN
Rue Saint-Symphorien

1915

HISTORIQUE DE LA GUERRE

26 JANVIER 1915

Violent combat à l'est d'Ypres, échec allemand. — De nombreuses attaques allemandes sont repoussées à Givenchy et Cuinchy. — Un zeppelin est abattu par les Russes à Libau.

Situation des armées sur le front occidental

On prépare sans aucun doute quelque chose de « kolossal » pour l'anniversaire du kaiser, le 27 janvier. Un certain nombre de réfugiés belges, qui ont réussi à gagner la frontière, déclarent que tous les villages situés au sud de Bruges et d'Ostende sont remplis de soldats et que de nombreuses troupes sont concentrées le long des routes de Roulers à Menin et d'Iseghem à Courtrai. D'un autre côté, on annonce de Suisse que deux zeppelins monstres, de construction récente, ont quitté Friedrischshafen pour la Belgique et qu'ils doivent tenter un coup le 27 janvier. Assisterons-nous à une grande bataille entre Lille et la mer, ou à un raid aérien ? Peut-être aux deux opérations.

En attendant le grand choc, on signale, sur tout le front, de multiples combats qui laissent bien augurer de la bataille si souvent annoncée et si impatiemment attendue.

Les troupes belges ont progressé dans la région de Pervyse, au sud de Nieuport.

Une violente attaque allemande a été prononcée contre les tranchées des alliés, à l'est d'Ypres; cette attaque n'a pas réussi, les troupes de première ligne, fortes d'un bataillon, ont été écrasées sans que les compagnies de réserve puissent les renforcer, notre artillerie les ayant empêchées de sortir de leurs abris; l'ennemi a eu 300 morts, dont le commandant de la compagnie de tête.

Les troupes anglaises ont eu fort à faire dans la journée d'hier et dans la nuit qui a suivi. A Givenchy et à Cuinchy, près de La Bassée, elles ont résisté à six attaques successives de l'ennemi; elles ont d'abord cédé sous la pression furieuse de l'attaque, mais elles ont contre-attaqué et repris le terrain perdu, faisant 60 prisonniers, dont 2 officiers.

A l'ouest de Craonne, c'est une véritable bataille qui a eu lieu; une brigade ennemie a prononcé deux attaques successives, la première a été repoussée, mais à la seconde attaque une torpille aérienne ayant bouleversé nos tranchées, nous avons dû reculer entre Heurtebise et le bois Foulon. Une contre-attaque a été effectuée dans la nuit et nous avons repris presque complètement les tranchées perdues et bouleversé celles de l'ennemi.

En Argonne, nous avons repoussé une attaque ennemie à Saint-Hubert, puis dans la nuit nous avons attaqué nous-mêmes à Saint-Hubert et à Fontaine-Madame.

F. B.

Nouvelles diverses publiées par les journaux

— Hier, 25 janvier, à 8 heures du matin, un zeppelin a survolé Libau (Russie) et a jeté neuf bombes qui n'ont pas atteint la ville. Après avoir subi un bombardement, le zeppelin est descendu sur l'eau où il a été détruit, l'équipage a été fait prisonnier.

— Le 24 janvier, des sous-marins russes se sont approchés de l'île Rugen, dans la Baltique, et ont torpillé le croiseur allemand *Gazelle*, qui a reçu de graves avaries. Il a été remorqué par des torpilleurs jusqu'à Sassnitz.

— Le vaisseau anglais *Vicknor*, armé en guerre, est considéré comme perdu; il a dû toucher une mine allemande au nord de l'Irlande.

— On est sans nouvelles de l'aviateur anglais Samson, parti de Dunkerque le 22 janvier, avec huit autres aviateurs, pour une expédition sur Ostende.

— On apprend de Rio-de-Janeiro que le croiseur allemand *Von der Thann* a été coulé par le cuirassé anglais *Invincible*. Tout son équipage, 883 hommes, a été noyé.

— L'empereur d'Annam a avisé M. Doumergue, ministre des colonies, qu'il contribuait pour une somme de 25.000 piastres (55.000 francs), prélevés sur sa caisse particulière, à la souscription ouverte pour les victimes de la guerre.

— Les généraux qui commandent les armées françaises et allemandes sur le front occidental sont classés comme il est dit ci-après, de la mer du Nord en Alsace. Le général Foch commande le groupe des trois premières armées dans le Nord. La 1re armée est commandée par le général d'Urbal; 2e, French; 3e de Maud'huy; 4e, de Castelnau; 5e Maunoury; 6e Franchet d'Esperey; 7e de Langle de Carry; 8e Sarrail; 9e Dubail.

Les armées allemandes sont commandées, du Nord au Sud, par : 1re duc de Wurtemberg; 2e kronprinz de Bavière; 3e von Bulow; 4e von Kluck; 5e von Hecringen; 6e von Einem; 7e von Strantz; 9e von Demling.

En Russie. — On annonce que les Russes se sont emparés du district de Jacobini, qui est la clé de la Hongrie, et de la ville de Lipno. Leur avance est donc constante. Pour parer à toute éventualité, 250.000 Allemands seraient massés en Hongrie, près de la frontière roumaine. Le ravitaillement de la Serbie en armes et munitions se continue par la voie du Danube.

En Turquie. — Durant ces trois derniers jours, les combats dans le Caucase ont continué à être favorables aux Russes. Ils ont capturé aux Turcs, dans l'ensemble des dernières batailles, 18 batteries d'artillerie, soit 108 canons.

A Constantinople, on craint une attaque par la flotte

russe de la mer Noire; tout est prêt pour le départ du sultan.

Documents historiques, récits et anecdotes

Le combat de Blangy. — C'était le 15 janvier. Depuis la veille, une animation inaccoutumée avait été remarquée dans les lignes ennemies. De l'entrée du faubourg de Blangy au petit village de Saint-Laurent, tout proche, et au-delà, des estafettes s'étaient succédé sans interruption. Dans la nuit, des mouvements de troupes avaient été signalés. A l'Aube, nos avant-postes constatèrent que les tranchées étaient renforcées.

A 10 heures, les batteries allemandes ouvrirent un feu terrible sur la partie de Blangy que nous occupons et sur une partie d'Arras qu'on appelle les Poids-Publics. Nos canons répondirent. Tous les tonnerres du ciel tombant à la fois eussent fait moins de bruit. Nos troupiers, terrés, attendaient. Soudain, une pluie de grenades s'abattit sur leurs têtes. En même temps, les Allemands franchirent au pas de course les 600 mètres qui les séparaient d'eux et les attaquèrent à la baïonnette. Cette manœuvre imprévue faillit réussir.

Sous le nombre, les nôtres plièrent. Une tranchée fut prise, puis une autre. Dans la mêlée furieuse, les Français juraient; les Allemands hurlaient. Plus on en tuait, plus il en revenait. Il en surgissait de partout. Ils s'encourageaient, s'excitaient. D'aucuns criaient : « Arras ! Arras ! » et s'élançaient en masse énorme, bélier humain, contre une muraille d'acier.

Il y eut un moment d'inquiétude. Ils gagnaient du terrain. Ils purent croire même qu'ils coucheraient le soir à Blangy. Triomphante, une colonne s'avança vers les Poids-Publics. Par quatre alignés, comme à la parade, les hommes chantaient, mais tout de suite ils déchantèrent : ils étaient arrivés devant une fabrique flanquée à gauche d'un hangar servant d'abri aux marchandises. La fabrique paraissait abandonnée. Dans le hangar, rien ne bougeait.

Se défier de ces murs crevassés par les obus et la fusillade leur eût semblé ridicule. Ils étaient prêts, tout prêts. Ils virent dans ces crevasses des canons, des mitrailleuses qui remuaient. Trop tard. Ils tombèrent comme des châteaux de cartes. Les derniers rangs, pris de panique, jetèrent leurs armes et s'enfuirent. Ils se heurtèrent à d'autres qui arrivaient. Quoi ? Que se passait-il ? Ce n'était donc pas encore la marche triomphale sur Arras ?

L'empereur attendait pour entrer sur un cheval blanc caparaçonné de pourpre ! Nous reprîmes l'offensive. Les bataillons culbutés furent obligés de regagner leurs lignes. Le terrain perdu fut repris. Blangy resta à nous. Ils ne sont pas entrés dans Arras ! L'impérial cabotin dut partir. Il a annoncé à ses troupes qu'il reviendrait le 16 février. Il a ajouté :

« J'avais apporté des Croix de fer. Je les remporte. Cette croix, je veux l'attacher sur vos poitrines, mais là-bas, à Arras, sur la place du Beffroi ! Souvenez-vous qu'il faut que vous la méritiez ! »

Ces paroles ont été extraites d'une lettre qu'un soldat fait prisonnier deux jours plus tard écrivait à sa famille. Il disait notamment :

« Le kaiser ne paraissait pas satisfait. Il est monté dans son automobile sans réunir les officiers, ce qui est contraire à ses habitudes. On nous a dit qu'il allait à Lille. Nous nous sommes pourtant bien battus. »

Le lendemain de l'affaire de Blangy, sur la grand'place de la ville, deux bataillons formèrent le carré. Il y eut un roulement de tambour, une sonnerie de clairons. Le général commandant la division décora un sergent et plusieurs territoriaux. Ce sergent, ces hommes étaient dans le hangar attenant à la fabrique. Battant en retraite, ils étaient arrivés là avec deux mitrailleuses. Ils s'y étaient fortifiés et avaient attendu l'ennemi. Leur tir, bien réglé, et une fusillade nourrie avaient jeté tout à coup la débandade parmi ceux qui déjà se croyaient vainqueurs. Ce brillant fait d'armes avait contribué au succès de la journée. — (*Petite Gironde*.)

La bataille de la mer du Nord. — *Rapport officiel de l'Amiral Beatty*. — Le 24 janvier, vers sept heures et demie du matin, une flottille britannique de contre-torpilleurs, qui effectuait une patrouille aperçut et attaqua l'ennemi, dont la flotte comprenait quatre croiseurs cuirassés, six croiseurs légers et un certain nombre de contre-torpilleurs. La flotte enemie se trouvait à environ quatorze milles à l'est-sud-est de notre escadre de bataille.

Ordre fut donné par signaux à la flottille de contre-torpilleurs de poursuivre l'ennemi et de faire connaître ses mouvements, car il semblait avoir immédiatement commencé à se retirer vers l'est-sud-est. En même temps, les croiseurs de bataille recevaient l'ordre de se diriger vers l'est-sud-est dans le but de s'assurer une position sous le vent et de couper si possible la route à l'ennemi.

Graduellement, la poursuite devint pressante. On filait 28 à 29 nœuds. Peu à peu on se rapprochait de l'ennemi. A 18.000 yards environ, nous ouvrîmes le feu de façon lente et posée, et nous commençâmes à 17.000 yards à frapper l'ennemi, qui riposta. Le « Lion » et le « Tiger », ayant dépassé le nord-est de l'escadre, restèrent quelque temps seuls aux prises avec l'ennemi, dont ils essuyèrent le feu concentré. Le « Lion », particulièrement visé, eut plus à souffrir. Les autres vaisseaux, au fur et à mesure qu'ils approchaient, attaquaient aussi l'ennemi.

La flottille des contre-torpilleurs allemands était disposée à tribord des croiseurs ennemis. Nous repoussâmes son attaque vers onze heures. Par un ricochet heureux, un obus allemand endommagea un des réservoirs d'alimentation du « Lion », ce qui arrêta la machine bâbord de ce navire.

Nous aperçûmes à ce moment des sous-marins allemands par tribord à son avant, et il fallut gouverner de façon à les éviter. Le « Blücher » était alors dans une situation critique et réduisait sa vitesse. Nous donnâmes à l' « Indomptable », qui venait d'arriver, la mission d'achever de le détruire. Le reste de l'escadre reçut l'ordre d'attaquer l'arrière de l'ennemi. Le « Lion », convoyé par une escorte, gouverna vers le nord-ouest en marchant avec une seule machine. Je transférai mon pavillon sur un contre-torpilleur, puis plus tard sur le « Princess-Royal ». Notre victoire aurait certainement été plus importante sans le coup qui endommagea un des réservoirs des chaudières du « Lion ».

La présence des sous-marins allemands nous obligea plus tard à cesser le combat. Le résultat du combat a été pour les Allemands la perte du « Blücher » coulé, des avaries graves et un fort incendie pour deux autres croiseurs de bataille. Suivant les prisonniers allemands, le « Kolberg » aurait été aussi coulé par les salves lointaines de notre escadre.

Cependant, les machines tribord du « Lion » se trouvèrent affectées pour le même motif que les machines bâbord. L' « Indomptable », prenant le « Lion » en remorque, le ramena au port. Les avaries du « Lion » et du « Tiger » ne sont pas graves, et les navires pourront être réparés à bref délai.

Les autres navires de l'escadre n'ont pas été touchés. Les pertes ont été très légères. Nous regrettons profondément celle du capitaine mécanicien Taylor, dont les services ont été inappréciables. La conduite des officiers et des marins a été celle qu'on attendait, et il y a lieu de rendre hommage au personnel de la chaufferie et de la machinerie, à qui nous devons la belle marche de notre escadre.

Dépêches officielles

Premier Communiqué

Sur le front de l'Yser les troupes belges ont progressé dans la région de Pervyse.

Les Allemands ont lancé, au point du jour, contre nos

tranchées, à l'est d'Ypres, une attaque forte d'un bataillon, qui a été arrêtée net : 300 morts, parmi lesquels le commandant de la compagnie de tête, sont restés sur le terrain. L'attaque devait être appuyée par des compagnies de deuxième ligne, mais celles-ci sous le feu très précis de notre artillerie, n'ont pu sortir de leurs abris.

Près de La Bassée, à Givenchy et Cuinchy, l'ennemi a lancé contre les lignes anglaises cinq attaques; après avoir légèrement progressé, les Allemands ont été repoussés en laissant sur le terrain de nombreux tués et 60 prisonniers, dont deux officiers. Cette attaque avait été accompagnée d'une tentative de diversion sur plusieurs points de notre front.

Entre la route Béthune-La Bassée et Aix-Noulette, une fraction ennemie qui avait essayé de sortir de ses tranchées a été instantanément arrêtée par le tir de notre infanterie et de notre artillerie.

Sur le reste du front, entre la Lys et l'Oise, duel d'artillerie.

A l'ouest de Craonne, l'ennemi a prononcé deux attaques successives d'une extrême violence : la première a été repoussée, la seconde a pénétré dans nos tranchées; mais par une contre-attaque énergique, nos troupes ont regagné la presque totalité du terrain perdu; la lutte continue autour de l'élément de tranchée encore occupé par les Allemands.

En Champagne, tandis que l'artillerie ennemie montrait moins d'activité que les jours précédents, nos batteries ont tiré efficacement sur les positions allemandes.

En Argonne, dans la région de Saint-Hubert, nous avons enrayé par le feu une tentative d'attaque.

En Alsace, l'ennemi a employé activement ses lance-bombes contre nos positions à Hartmannswillerkof, où il n'y a pas eu de nouveaux combats.

Il a bombardé Thann, Lembach et Sentheim.

Deuxième Communiqué

Les troupes britanniques ont repoussé la nuit dernière une nouvelle attaque sur Givenchy-lès-La Bassée et ont achevé, par une contre-attaque, de réoccuper leurs positions de la veille.

Le combat a été très chaud. Sur la seule route Béthune-La Bassée, les Allemands ont laissé 300 morts.

Hier soir, à la suite de la violente attaque déjà signalée, l'ennemi a pu pénétrer dans nos tranchées entre Heurtebise et le bois Foulon (ouest de Craonne) après leur complet bouleversement par des torpilles aériennes. Nous contre-attaquons. Aux dernières nouvelles, une partie (le bois Foulon) du terrain perdu était reconquise.

En Argonne, nos troupes ont prononcé deux attaques vers Saint-Hubert et Fontaine-Madame; elles ont réussi à reprendre pied dans les tranchées récemment perdues et à bouleverser plusieurs sapes allemandes. Une contre-attaque ennemie a été repoussée.

La nuit du 25 au 26 a été calme en Alsace et dans les Vosges.

Rien d'important sur le reste du front.

27 JANVIER 1915

Anniversaire de l'empereur Guillaume. — Violents combats sur tout le front. — Echec de l'offensive allemande. — Emeutes en Autriche à Agram, Layback et Trieste motivées par la mobilisation. — Des avions français détruisent un ballon captif allemand.

Situation des armées sur le front occidental

On annonce de Rotterdam que le kaiser est arrivé hier au quartier général des Flandres, afin d'assister aux opérations qui auront lieu aujourd'hui en l'honneur de son anniversaire. Nous saurons demain en quoi consiste le gros effort allemand tant annoncé et nous serons fixés sur le point du front où il se produira, à moins que ce ne soit une offensive générale des troupes allemandes.

De Nieuport jusqu'à l'Aisne, on ne signale que des combats d'artillerie; l'ennemi fort éprouvé par ses échecs du 25 janvier à l'est d'Ypres et autour de La Bassée-Givenchy, se recueille sans doute pour une nouvelle attaque. Les Anglais ne seront pas pris au dépourvu parce qu'ils ont la conviction qu'ils auront à supporter le gros de la bataille anniversaire du kaiser.

Nous avons eu à supporter hier de violentes attaques allemandes dans la région de Perthes et dans celle de Saint-Hubert.

Vers Perthes, à la cote 200, quatre attaques successives ont été repoussées par nos troupes et à Saint-Hubert quatre attaques exécutées de deux heures en deux heures n'ont pas été plus heureuses.

Dans la nuit du 26 au 27, dans le bois de Saint-Mard (Tracy-le-Val), l'ennemi a fait exploser des mines qui ont bouleversé nos tranchées; il a attaqué vigoureusement, mais il lui a été impossible de s'installer dans les tranchées démolies, il en a été empêché par le tir de notre artillerie.

A Saint-Mihiel, nous détruisons les passerelles ennemies sur la Meuse, à mesure qu'il les construit. Nous lui interdisons ainsi tout accès sur la rive gauche.

En Alsace, l'offensive allemande paraîtrait momentanément arrêtée au pied de la Hartmannsweillerkof, les communiqués ne nous signalent aucun combat. Mais il paraît que nous ne sommes pas au bout de nos peines, car, parmi les surprises agréables réservées au kaiser pour son anniversaire figure, paraît-il, une avance des troupes allemandes sur Thann, sinon la prise de la ville.

N'hésitons pas à croire que toutes ces surprises seront pour Guillaume II et ses lieutenants autant de déceptions.

F. B.

Nouvelles diverses publiées par les journaux

On télégraphie de source sûre que l'ordre de mobilisation des dernières réserves autrichiennes a causé des émeutes dans plusieurs villes de la monarchie. A Laybach, les émeutiers sonnèrent le tocsin à la cathédrale, la cavalerie fut obligée de charger, le palais du préfet fut incendié, les meubles brisés et précipités par les fenêtres. A Agram, les affiches de mobilisation furent arrachées et un fonctionnaire hongrois a été lynché. A Susak, l'arsenal des honveds a été pillé. L'émeute continue, de gros événements sont à redouter. En Transylvanie, le gouverneur, comte Bethlen, a donné des ordres pour que tous les perturbateurs soient fusillés.

— L'ex-ministre des affaires étrangères bulgare, M. Ghenadieff, vient d'avoir à Rome un long entretien avec notre ambassadeur, M. Barrère. Rien n'a transpiré au sujet de cet entretien.

— Au conseil de revision de Corbeil, un jeune émigré de Roye (Somme) se voyant sur le point d'être ajourné pour faiblesse de constitution, a manifesté son désir de s'engager. « Mon père a été tué par les Allemands, ma mère et ma sœur violentées. Il faut que je les venge. » Le préfet lui a répondu : « Allez, mon ami, tous mes vœux vous accompagnent. »

— Un payeur général aux armées, M. Desclaux, percepteur à Paris, ancien chef de cabinet de M. Caillaux, vient d'être arrêté sous l'inculpation de vol de fournitures militaires.

En Russie. — Les Allemands, depuis le 24 janvier, ramènent d'importants contingents en arrière de leurs positions, en Pologne centrale. En même temps, ils ont canonné les glaces de la Bzoura et de la Rawka pour empêcher les Russes de franchir ces rivières. Ces mouvements ont sans doute un lien étroit avec l'envoi continu de régiments allemands en Autriche.

La situation de Przemysl s'aggrave, on ne croit pas que l'assaut puisse tarder longtemps.

Les renforts russes arrivent continuellement en Bukovine; le général Wabel, commandant en chef des forces russes, est arrivé à Czernovitz. On suppose que les Russes vont envahir la Transylvanie pour contrecarrer l'invasion autrichienne en Serbie.

En Turquie. — L'armée russe du Caucase communique officiellement que dans la région de Tchcokh et vers Olty des combats d'une importance secondaire continuent.

On annonce de Beyrouth que l'armée d'invasion d'Egypte se concentre, que 48.000 hommes sont à Al-Arish et 32.000 à Akabah. Djemal pacha est nommé généralissime de cette armée.

Au Monténégro. — Une colonne autrichienne placée sous la protection de l'artillerie des forts de Cattaro a attaqué les troupes monténégrines; après un combat acharné, les Autrichiens ont été repoussés.

Un aéroplane autrichien a jeté des bombes sur Cettigné, le 25 janvier; elles sont tombées dans les jardins sans causer de dégâts.

Documents historiques, récits et anecdotes

Les derniers combats autour de Saint-Georges. — Voici de nouveaux renseignements sur les furieux combats qui se sont déroulés tous ces derniers temps autour de Saint-Georges, dont les communiqués officiels ont annoncé la prise.

Saint-Georges était, en effet, l'un des points d'où les Allemands menaçaient le plus Lombaertzyde. L'ordre fut donné de prendre le village, et nos dragons et nos fusiliers marins l'exécutèrent. Chaque nuit, après avoir travaillé durement à creuser des tranchées dans un terrain si boueux qu'ils y enfonçaient jusqu'au genou, ils montaient à l'assaut et à bout portant fusillaient les Allemands, lorsqu'ils ne les embrochaient pas avec leurs baïonnettes.

La maison du passeur, car il y en a une également à Saint-Georges, ou plutôt la cave et le tas de briques qui la représentent, fut prise et reprise plus de dix fois. Une nuit, les dragons, pour s'approcher de ces héroïques ruines, tout en restant à couvert, creusèrent une tranchée, mais de leur côté les Allemands en avaient fait autant. Aussi, après plusieurs heures de travail, Français et Prussiens ne se trouvèrent-ils plus séparés que par un petit rempart de terre n'ayant pas 50 centimètres d'épaisseur. Les Allemands passèrent alors leurs fusils par-dessus cet abri, et par un tir plongeant tirèrent sur les nôtres qui continuaient à travailler. Les dragons lâchèrent alors pelles et pioches, prirent leurs carabines et dans un élan irrésistible s'emparèrent de la maison du passeur.

La nuit suivante, les Allemands, pour tenter de nous déloger de cette position sur laquelle ils faisaient pleuvoir sans résultat des centaines d'obus et de marmites, firent avancer dans la rue principale de Saint-Georges plusieurs bataillons en colonne par quatre, mais dès qu'ils furent découverts, nos mitrailleuses ouvrirent le feu, fauchant littéralement les Allemands, qui tombaient en criant pour la plupart : « Maman, maman », ce qui tendrait à faire croire que les soldats que nos ennemis firent marcher là étaient plutôt des enfants que des hommes. Les souffrances que nos troupes endurèrent et les efforts qu'elles durent fournir pour s'assurer la position de ce village en ruines sont inimaginables. Ainsi, un maréchal des logis de dragons dut passer deux jours et trois nuits sans pouvoir changer de place, attendant toujours le moment propice pour attaquer, avec, au-dessus de sa tête, les pieds d'un allemand mort et à demi-enterré, qui, à chaque mouvement qu'il faisait, lui jetaient son képi par terre; mais, malgré tout cela, Saint-Georges a été pris. Lombaertzyde ne l'est pas, quoiqu'il soit dix fois moins défendu. Pourquoi ? Parce que Saint-Georges était un point stratégique utile aux Allemands, et que Lombaertzyde est un piège qu'ils nous tendent. En attendant, notre artillerie démolit les ouvrages de défense que nos ennemis avaient installés sur la fameuse grande dune, et si chaque jour le canon tonne à Nieuport, ce n'est pas inutilement.

Dépêches officielles

Premier Communiqué

Dans les secteurs de Nieuport et d'Ypres, combats d'artillerie. Un avion allemand a été abattu dans les lignes de l'armée belge.

Les déclarations des prisonniers établissent que ce n'est pas un bataillon, mais une brigade qui a attaqué, le 25, nos tranchées à l'est d'Ypres. L'ennemi a perdu dans cette affaire l'effectif d'un bataillon et demi.

Il se confirme que près de La Bassée, Givenchy et Cuinchy, les Allemands ont subi hier un gros échec. Sur la seule route de La Bassée à Béthune, on a retrouvé les cadavres de 6 officiers et de 400 hommes; les pertes totales des Allemands représentent donc certainement l'effectif de deux bataillons au moins.

De Lens à Soissons, combats d'artillerie.

Dans la région de Craonne, nous nous sommes maintenus dans les tranchées reprises par nous au cours des contre-attaques du 25.

Dans la région de Perthes (cote 200), quatre violentes attaques ennemies ont été repoussées.

En Argonne, dans la région de Saint-Hubert, une attaque allemande a été refoulée à la baïonnette.

A Saint-Mihiel, nous avons détruit les nouvelles passerelles de l'ennemi sur la Meuse.

Journée calme en Lorraine et dans les Vosges.

Deuxième Communiqué

L'ennemi a tenté un coup de main la nuit dernière dans le bois de Saint-Mard (région de Tracy-le-Val). Après une vive fusillade, il a fait exploser des mines qui ont bouleversé nos tranchées sur un front de 50 mètres, mais il n'a pu s'y installer en raison des tirs de barrage exécutés par notre artillerie.

Ces tranchées ont été réoccupées et remises en état. A l'ouest de Craonne, la nuit a été calme. Les combats des 25 et 26 dans cette région ont présenté la physionomie suivante :

Après un bombardement prolongé et intense de projectiles de gros calibre et de bombes, l'infanterie allemande a attaqué sur le front Heurtebise-bois Foulon ; elle a été repoussée partout avec de grosses pertes, sauf à la Creute.

Un éboulement, provoqué par la chute de gros projectiles, a obstrué l'entrée d'une ancienne carrière qui servait de magasin et d'abri à la garnison de nos tranchées de la Creute (deux compagnies); ces troupes s'y sont donc trouvées prises. L'ennemi ayant ainsi pris pied à la Creute s'est infiltré dans le bois Foulon et a rendu intenable les tranchées avoisinantes que nous avons dû évacuer.

Les contre-attaques qui nous ont rendu une bonne partie du terrain perdu ont été très brillantes; l'ardeur de nos troupes s'est montrée au-dessus de tout éloge. L'ennemi a subi des pertes très élevées; il a laissé un millier de cadavres sur le terrain. Les prisonniers faits appartiennent à quatre régiments différents, ce qui montre bien l'importance de l'attaque.

En Argonne, vers Saint-Hubert, une attaque allemande a échoué.

Dans la journée, trois nouvelles attaques, exécutées à deux heures les unes des autres, ont été vigoureusement repoussées.

La nuit du 26 au 27 a été calme en Alsace et dans les Vosges.

Rien d'important n'est signalé sur le reste du front.

---

28 JANVIER 1915

Attaques ennemies toutes repoussées vers Roye et Soissons. — Progrès sensibles des Français au nord de Senones (Vosges). — Avance légère des Français en Haute-Alsace. — Arrestation du payeur aux armées Desclaux.

Situation des armées sur le front occidental

Le communiqué officiel d'aujourd'hui débute ainsi : « Le 27 janvier était la date anniversaire de l'empereur d'Allemagne. Nos adversaires avaient annoncé à cette occasion un gros effort. Il s'est produit. Il n'a pas tourné à leur avantage. » Il fait ensuite connaître que des combats d'artillerie accompagnés parfois de vives fusillades ont eu lieu sur le front, de la mer jusqu'en Argonne; que dans les secteurs d'Arras, d'Albert, de Roye et de Soissons l'ennemi a été dans l'impossibilité de sortir de ses tranchées en raison du feu intense que nous avons dirigé contre lui; que des attaques allemandes ont été repoussées à Fontaine-Madame, en Argonne et au bois d'Ailly, au sud-est de Saint-Mihiel.

C'est sur le front des Vosges et en Alsace que se sont déroulées les opérations les plus intéressantes de la journée. Dans les Vosges, nous avons refoulé l'ennemi sur une ligne qui s'étend du signal de la Mère-Henry au Ban-de-Sapt, près de Launois, en passant au sud-ouest de Senones. Nous avons entamé les défenses accessoires de l'ennemi et notre avance sur certains points a dépassé 400 mètres.

En Alsace, nous avons progressé à Burnhaupt-le-Bas et à Ammerzviller, au sud-est de Thann. Nous avons repoussé une attaque allemande près de Cernay.

A lire ce seul communiqué officiel on n'y trouve rien de plus extraordinaire que dans ceux des jours précédents et on se demande si c'est bien là le gros effort auquel on s'attendait et qui, somme toute, n'a donné lieu qu'à un ensemble de combats auxquels nous sommes maintenant habitués.

Pour apprécier sainement le résultat obtenu, il faut tenir compte des combats qui se sont livrés le 25 et le 26 sur l'ensemble du front, combats qui étaient la préparation du gros effort qui devait être tenté le 27, effort qui devait aboutir à une brillante victoire. Or, dans les trois jours de bataille qui viennent de s'écouler, toutes les attaques allemandes ont été repoussées avec de grosses pertes pour l'ennemi, pertes qui paraissent supérieures à 20.000 hommes. Nous avons également subi des pertes, notamment dans la région de Craonne, mais elles sont loin d'égaler celles de l'adversaire. Nous pouvons donc dire, avec le généralissime,

« la journée a été bonne pour nous sur toute l'étendue du front ».

F. B.

Nouvelles diverses publiées par les journaux

Hier, 27 janvier, un avion allemand a survolé Dunkerque; il a jeté huit bombes qui n'ont causé que des dégâts matériels. L'aviateur a pu échapper à la poursuite des avions français.

— Une collision d'aéroplanes a eu lieu, le 27 janvier, à Johannisthal (Allemagne). Trois aviateurs, dont deux officiers, ont été tués.

— L'intendance militaire du 15e corps d'armée allemand, à Strasbourg, a été incendiée; des documents militaires importants ont été anéantis. On ne fait pas connaître la cause du sinistre.

— On annonce que le protocole préliminaire d'un emprunt roumain de 125 millions de francs a été signé à Londres. La banque d'Angleterre fera l'avance des fonds à la banque roumaine et recevra en échange des bons du Trésor. Aucun doute ne subsisterait plus sur les intentions de la Roumanie. D'un autre côté, le ministre de Roumanie aurait été reçu en audience par le tsar. On annonce également que les manufactures italiennes ont été autorisées à fabriquer des armes et des munitions pour la Roumanie.

— Le prince Georges de Serbie se rend en Italie, chargé d'une mission spéciale; son passage est signalé à Athènes.

— On télégraphie de Trieste que le chevalier Marcello Zueulin, consul italien, a été arrêté sous l'inculpation d'avoir tenté de favoriser la désertion de réservistes autrichiens.

En Russie. — Une armée russe progresse d'une manière continue en Prusse orientale, elle se trouve maintenant à une journée de marche d'Insterburg.

Toute l'attention se porte maintenant sur le théâtre de la

guerre autrichien, dans le rayon des Carpathes. Les Autrichiens ont rassemblé des forces importantes et manifestent une grande activité. On s'attend en Russie à un quatrième essai d'offensive dans cette région. Les derniers combats en Bukovine ont eu lieu aux environs de Valaputna, à 20 kilomètres au sud de Kirlibaba. La ville de Jacobéni (Bukovine) est occupée par les Russes et ils arrivent à Josephwald (Transylvanie).

Le froid est excessif en Pologne et en Galicie, la neige a cessé de tomber et comme l'accentuation du froid va rendre franchissables les cours d'eau, il faut s'attendre à l'ouverture d'une nouvelle phase de la guerre.

Documents historiques, récits et anecdotes

LA DÉFAITE ALLEMANDE DE LA BASSÉE. — Le *Daily Chronicle* publie le récit suivant d'un très important engagement qui se déroula aux environs de La Bassée :

Nos troupes ont défait, ce matin 25 janvier, une armée allemande qui, depuis plusieurs jours, se massait derrière les lignes ennemies. Plusieurs centaines d'Allemands sont restés sur le terrain et nous avons fait de nombreux prisonniers, y compris deux officiers de haut rang. L'avantage stratégique résultant de cet engagement est considérable.

Sans donner de détails trop précis, je puis dire que le conflit se rengala à peu près suivant un triangle Auchy-La Bassée, Guinchy et Givenchy. La canonnade fut si violente qu'elle rappelait les mauvais jours d'Ypres, mais maintenant notre artillerie, de quelque type qu'il s'agisse, est supérieure à celle de l'ennemi. Une fois de plus, sur de nombreux points où le sort de l'action dépendait de l'arme blanche, les troupes anglaises montrèrent qu'elles pouvaient rendre des points aux troupes allemandes.

On verra sur les cartes à grande échelle qu'une voie ferrée relie Béthune et La Bassée, qui sont toutes deux aux mains des alliés. Depuis longtemps, le désir des Allemands était de s'emparer de la ligne ferrée et d'interrompre ainsi nos lignes de communications entre ces deux points; mais, jusqu'à présent, ils s'étaient contentés de nous envoyer quelques obus, qui tombaient dans le canal sans faire de mal à personne.

Avant Noël, il y eut cependant à Givenchy une attaque à la suite de laquelle les Indiens durent abandonner leurs positions; depuis, la pluie et la boue furent telles qu'il était presque impossible de faire un pas sans enfoncer jusqu'aux genoux. Mais le froid de ces derniers jours a rendu le sol beaucoup plus ferme et a permis aux troupes une mobilité plus grande.

Depuis plus d'une semaine, les chefs alliés avaient connaissance de grands mouvements de troupes qui se produisaient sur ce point de la ligne. Aussi étions-nous préparés à une avance de l'ennemi.

Le déserteur hanovrien. — Vers 7 h. 10, hier matin, nos hommes préparaient leur petit déjeuner quand un soldat ennemi, un Hanovrien, apparut, à leur grand étonnement, au bord de leur tranchée. Bien vite il vit, à deux pouces de sa figure, le canon d'un de nos fusils. Il expliqua alors sa présence et déclara qu'il en avait assez de la guerre et des tranchées où régnait la typhoïde. Il ajouta, quand un de nos « Tommies » brandit sa baïonnette d'un air menaçant, que l'état-major allemand avait projeté une attaque en masse qui devait se produire à 7 heures et demie.

Le déserteur avait dit la vérité, car tandis que nos hommes commençaient à déjeuner dans les tranchées qui n'étaient qu'à une trentaine de mètres des lignes ennemies, un nuage d'assaillants apparut, se silhouettant à hauteur des tranchées allemandes. A ce moment, nos sentinelles tirèrent et le combat s'engagea.

En quelques instants, les régiments qui gardaient nos avant-postes étaient prêts et les masses grises de l'ennemi vacillèrent sous le feu violent de nos fusils et de nos mitrailleuses. Mais, sur la mer de cadavres, une vague passa et les survivants qui arrivèrent jusqu'à dix mètres de nos tranchées y lancèrent des grenades qui semèrent la mort dans nos rangs. Par son seul poids, la marée grise balaya nos lignes avancées.

Un corps à corps meurtrier s'ensuivit. Au tonnerre de la mousqueterie succédèrent les cris rauques des hommes haletants qui jouaient de la baïonnette, parant et pointant; puis tous ces bruits sinistres furent noyés dans le grondement de l'artillerie lourde.

S'attendant à ce que nos lignes avancées eussent à se replier devant la supériorité écrasante des masses jetées sur elles avec une prodigalité impitoyable du sang allemand, l'ennemi criblait de shrapnells l'espace qui séparait nos premières tranchées de nos lignes de support et nous éprouvâmes de lourdes pertes en nous retirant.

D'après mes informations, deux compagnies d'un célèbre régiment écossais furent taillées en pièces et, sur un ou deux points, les Allemands avancèrent de 300 mètres avant de venir se briser, comme un flot d'écume sur des rochers, que représentait en l'occasion un des régiments les plus connus de l'armée anglaise.

L'artillerie anglaise prend l'avantage. — Mais, grâce à la supériorité de ses projectiles, notre artillerie avait l'avantage. Cependant, l'ennemi arrivait toujours en masses denses, grises. Il était décidé à percer la ligne alliée à ce point particulièrement important et à maintenir à tout prix la brèche qu'il avait ouverte. Heureusement, les Hanovriens ne sont pas supérieurs à leurs frères Bavarois ou Prussiens quand il s'agit d'une lutte d'homme à homme contre des Anglais brandissant leurs fusils comme des massues ou jouant de la baïonnette. Finalement, le combat tourna en notre faveur.

Nos troupes ayant reçu des renforts, se ruèrent sur ce qui restait des hordes teutonnes qui furent écrasées, beaucoup d'hommes se rendant en groupes. Quand la bataille finit, vers 11 heures du matin, après trois heures et demie de « toutes sortes d'enfer », pour employer l'expression d'un officier qui a cependant passé par quelques-uns des plus sanglants combats de la guerre, nous avions repris nos tranchées. Je ne puis dire si nous poussâmes notre contre-attaque et si nous nous emparâmes d'une partie des positions allemandes.

Un train blindé anglais, qui opérait avec nos troupes dans un secteur du champ de bataille, joua un rôle des plus importants et, grâce à ses puissants canons de marine, réduisit au silence plusieurs des pièces ennemies.

La bataille d'hier, dans laquelle environ 25.000 hommes furent engagés, peut être considérée comme un revers sérieux pour les Allemands.

Dépêches officielles

Premier Communiqué

Le 27 janvier était la date de l'anniversaire de l'empereur d'Allemagne. Nos adversaires avaient annoncé à cette occasion un gros effort. Il s'est produit. Il n'a pas tourné à leur avantage.

La journée a été bonne pour nous sur toute l'étendue du front. Toutes les attaques allemandes ont été repoussées. Toutes les attaques françaises ont progressé.

En Belgique, les positions de l'ennemi ont été canonnées et plusieurs de ses tranchées démolies.

Au sud de la Lys, l'artillerie anglaise a battu les routes et points de rassemblement des troupes allemandes.

Dans les secteurs d'Arras, d'Albert, de Roye, de Noyon et de Soissons, canonnades et fusillades intermittentes. Sur divers points, l'infanterie ennemie a tenté de sortir de ses tranchées pour attaquer. Elle y a été aussitôt repoussée par un feu intense.

Dans la région de Craonne, les pertes totales subies par les Allemands, le 25 et le 26, atteignent certainement l'effectif d'une brigade. **Les prisonniers allemands ont tous** l'impression d'avoir subi un gros échec. Nos pertes en tués, blessés ou disparus pour ces deux journées sont de 800 hommes environ et s'expliquent à la fois par l'intensité du combat et par l'effondrement partiel, signalé hier, d'une ancienne carrière où deux compagnies s'étaient abritées pendant le bombardement et se sont trouvées emmurées. Elles ont dû tomber vivantes aux mains de l'ennemi pendant la première partie de l'attaque. Nos contre-attaques nous ont rendu la totalité du terrain disputé.

Dans le secteur de **Reims** et de **Reims** à l'Argonne, duel d'artillerie, où notre artillerie lourde a maîtrisé les batteries ennemies.

Comme il a été dit hier soir, **trois** attaques en Argonne, à Fontaine-Madame, à 6 heures, 10 heures et 13 heures, ont été complètement refoulées.

Il en a été de même de trois attaques allemandes au bois d'Ailly (sud-est de Saint-Mihiel).

Des détachements ennemis **ont** été repoussés à Parroy et Bures.

Dans les Vosges, nous avons progressé sensiblement au nord de Senones, sur les pentes du signal de la Mère-Henry; notre gain est d'environ 400 mètres. De même, au sud-ouest de Senones et dans le Ban-de-Sapt, près de Launois, nous avons gagné du terrain et entamé les défenses accessoires de l'ennemi.

Progression également en **Alsace**, dans la région de Ammerwiller-Burnhaupt-le-Bas. Le terrain conquis a été conservé; près de Cernay, l'attaque d'un **bataillon** allemand a été repoussée.

D'après le nombre de morts **trouvés sur** le terrain les 25, 26 et 27, à l'est d'Ypres, à **La Bassée**, à Craonne, en Argonne, en Woëvre et dans les **Vosges**, les pertes de l'ennemi dans ces trois journées paraissent supérieures à 20.000 hommes.

Deuxième Communiqué

Dans la nuit du 27 au 28, l'ennemi n'a prononcé aucune attaque d'infanterie.

Au nord-est de Ztonnebeke, bombardement par les Allemands et vive fusillade.

Lutte d'artillerie sur l'Aisne.

En Argonne, simple canonnade de part et d'autre.

En Alsace, au nord-ouest d'Ammerwiller, nos troupes se sont maintenues, malgré un violent bombardement, sur le terrain conquis pendant la journée et s'y sont organisées.

Calme sur le reste du front.

---

29 JANVIER 1915

Les alliés prennent pied dans la Grande-Dune (Belgique). — Les Allemands échouent dans leur tentative de franchir l'Aisne au moulin des Roches et à Venizel. — Les avions français jettent des bombes sur les cantonnements allemands de Laon et La Fère. — Un sous-marin russe coule dans la Baltique un torpilleur allemand.

Situation des armées sur le front occidental

Après l'orage, c'est le calme. Les attaques allemandes pendant la journée du 28 se sont ressenties de l'épuisant effort de la veille et les combats d'infanterie ont été peu nombreux sur le front. L'artillerie elle-même a montré moins d'ardeur.

En Belgique, nous avons attaqué les retranchements formidables des Allemands dans la Grande-Dune, nous y avons pris pied et nous nous y sommes maintenus.

Les Allemands se vengent de leurs échecs successifs dans cette région en faisant jeter des bombes sur Dunkerque par leurs avions; dans la nuit du 27 au 28, un avion allemand a jeté plusieurs bombes sur la ville en blessant quelques habitants, puis il s'est enfui vers la Belgique; c'est peut-être le même que le communiqué nous annonce comme ayant été abattu par nos canons.

Dans la nuit suivante, du 28 au 29, deux avions français ont jeté des bombes sur les cantonnements ennemis, dans la région Laon, La Fère, Soissons. C'est une besogne de guerre digne de nos aviateurs.

A l'est de Soissons, l'ennemi a tenté de franchir l'Aisne sur deux points différents : au moulin des Roches et au pont de Venizel; nous avons en effet deux têtes de pont sur la rive droite de l'Aisne, dans cette région. Ces deux positions ont une importance très grande puisqu'elles nous permettent d'enrayer tout mouvement tenté par l'ennemi pour franchir le fleuve. Les deux attaques ont été repoussées.

Dans les Vosges et en Alsace, la situation est stationnaire, nous nous établissons solidement sur le terrain conquis. Les Allemands bombardent Thann continuellement, mais nous les avons obligés à évacuer Cernay qui devenait intenable pour eux; ils y envoient quelques patrouilles chaque nuit et se fortifient sur les hauteurs qui dominent la ville. Nous ne pouvons pas nous-mêmes occuper Cernay car nous serions directement sous le feu de l'artillerie allemande. L'évacuation de Cernay par les Allemands peut être considérée comme un succès important des Français.

F. B.

Nouvelles diverses publiées par les journaux

On annonce la mort de M. Félix Chautemps, ancien député de la Savoie, fils de l'ancien ministre. Il a été tué en Alsace, dans la région de Thann, alors qu'il entraînait à l'assaut un bataillon de chasseurs dont le commandement lui avait été confié. C'est le deuxième fils de M. Chautemps tué depuis le début de la campagne, un troisième fils est grièvement blessé. L'aîné avait été assassiné il y a quelques années en Afrique occidentale, en service commandé.

— Un zeppelin a tenté ce matin vers 5 heures de survoler Nancy. Il a été bombardé par l'artillerie du plateau d'Hœville; il a regagné les lignes allemandes.

Des avions allemands ont survolé la région de Bailleul et jeté plusieurs bombes qui n'ont causé que des dégâts matériels.

On annonce comme prochaine l'arrivée en France du prince Georges de Serbie.

— L'abbé Barbier, de Saverne (Lorraine), vient d'être condamné à deux mois de prison pour avoir manifesté des sentiments favorables aux Français.

En Russie. — On ne signale aucune modification importante en Prusse orientale et sur le front des deux rives de la Vistule. En Galicie, la progression russe s'accentue malgré la résistance acharnée des Autrichiens. Les Carpathes sont toujours le point dominant des opérations militaires. Quatre colonnes austro-allemandes s'avancent sur un front de 160 kilomètres. Przemysl semble être l'objectif immédiat de cette offensive. On évalue leurs forces à un demi-million d'hommes.

En Turquie. — L'offensive turque vers Olty a complètement échoué, la colonne ottomane a été presque anéantie, elle se replie dans la région de l'Azerbaidgau.

L'Allemagne vient d'envoyer à la Turquie, par la voie de Sofia, une somme de 87 millions de marcks.

Les Anglais ont débarqué deux détachements de troupes en Syrie; ils ont détruit la ligne télégraphique de Sidon (Palestine).

En Bulgarie. — On signale un mystérieux mouvement

de troupes bulgares en Thrace. Les Bulgares transportent des troupes sur la frontière grecque.

La presse grecque prétend que la menace d'une nouvelle campagne contre la Serbie est destinée à influencer la Bulgarie et à la rallier à la politique germanique.

L'attitude de la Grèce dépendra de la position que la Bulgarie va prendre. L'horizon s'obscurcit dans les Balkans.

Suivant des renseignements de très bonne source, le gouvernement bulgare a demandé à l'Allemagne de lui avancer le montant de la seconde tranche du grand emprunt négocié par M. Toutcheff, soit 130 millions.

Documents historiques, récits et anecdotes

UNE HÉROÏQUE DÉFENSE DE BIXSCHOOTE. — Les Allemands avaient établi leurs tranchées à quelques mètres seulement des dernières maisons de Bixschoote, tenant le village sous la menace de leurs balles et de leurs obus. L'ordre fut donné à nos troupes de s'en emparer. Sur la gauche, nos tranchées étaient occupées par des territoriaux; sur la droite, par des escadrons à pied. Au centre se trouvait le bataillon cycliste. Ce furent eux qui reçurent la glorieuse mais périlleuse mission de préparer l'attaque.

Les chasseurs se mirent aussitôt sur la défensive, et quelques minutes après un combat des plus vifs était engagé. Délaissant un peu le centre, les Allemands portèrent leur effort sur la droite et la gauche, qui durent se replier. Les chasseurs se trouvèrent alors isolés et presque entourés d'ennemis. Au lieu de lâcher pied, ils se groupèrent autour d'une pièce de 75 qui avait été amenée juste derrière eux, et pendant plus d'une heure leur feu et celui des artilleurs fauchèrent les Allemands, qui s'avançaient en rangs serrés. Finalement, le centre ennemi dut reculer. La pièce fut sauvée et les petits cyclistes purent aller achever leur tranchée, dans laquelle ils se fortifièrent. Durant ce dur combat, leur lieutenant avait eu sa jumelle arrachée des mains par une balle.

Le lendemain, les chasseurs entendirent des coups de feu derrière eux et des balles passer au-dessus de leur tête. Durant la nuit, les Allemands étaient arrivés à tourner leur position et les attaquaient par derrière. Malgré cette situation critique, les cyclistes tinrent pendant trois jours dans une tranchée remplie de cadavres prussiens. Ils allaient être faits prisonniers lorsqu'ils parvinrent à s'échapper.

— IL VOULAIT ALLER SUR LE FRONT. — Tibri Amed ben Mohamed, du 9e tirailleurs, était poursuivi devant le 2e conseil de guerre pour désertion. Il avait quitté le dépôt de son régiment à Santonay, le 19 décembre, et était venu à Paris, où il avait été arrêté le 21. Tibri s'est engagé il y a sept ans dans l'armée française. Il compte trois campagnes et est titulaire de la médaille du Maroc. A l'audience, il a déclaré dans un langage pittoresque qu'il était venu en France non pour rester dans un dépôt, mais pour se battre contre les Allemands. Le conseil a donné satisfaction à Tibri et l'a acquitté.

Dépêches officielles
Premier Communiqué

La journée du 28 n'a été marquée que par des actions locales qui nous ont été favorables.

En Belgique, dans la région de Nieuport, notre infanterie a pris pied dans la Grande-Dune dont il a été question dans le communiqué du 17 janvier. Un avion allemand a été abattu par nos canons.

Dans les secteurs d'Ypres, de Lens et d'Arras, combats d'artillerie, parfois assez violents; quelques attaques d'infanterie ont été esquissées, mais refoulées aussitôt par notre feu.

Dans les secteurs de Soissons, de Craonne et de Reims, rien à signaler.

Entre Reims et l'Argonne, combats d'artillerie peu intenses.

Il est confirmé que l'attaque repoussée par nous à Fontaine-Madame, dans la nuit du 27 au 28, a coûté cher aux Allemands.

Sur les Hauts-de-Meuse et en Woëvre, journée calme.

Dans les Vosges, combats d'artillerie; nos canons ont, en plusieurs points, éteint le feu des batteries et des mitrailleuses allemandes.

Nous avons partout consolidé nos positions sur le terrain conquis le 27.

Deuxième Communiqué

A l'est de Soissons, les Allemands ont fait deux tentatives pour franchir l'Aisne, l'une sur le moulin des Roches, l'autre sur la tête de pont que tiennent nos troupes au nord du pont de Venizel; ces deux attaques ont été repoussées.

Hier 28, en pleine nuit, Dunkerque a été bombardée par plusieurs avions qui ont causé des dégâts matériels insignifiants, mais ont tué ou blessé quelques personnes.

Entre 23 heures, le 28, et 2 heures, le 29, deux de nos avions ont lancé de nombreuses bombes sur les cantonnements ennemis, dans la région Laon, La Fère, Soissons.

Ce matin, 29, un avion allemand a dû atterrir à l'est de Gerbeviller. Ses passagers, un officier et un sous-officier, sont prisonniers.

---

30 JANVIER 1915

Une attaque allemande devant Cuinchy est repoussée par les Anglais. — Défaite des Turcs à Soiran (Perse)

Situation des armées sur le front occidental

Nous devons nous attendre à ce que l'Allemagne fasse un dernier et violent effort à l'Ouest avant que les armées alliées soient toutes rassemblées, écrivait il y a quelques jours le colonel Repington dans le *Times*. Nous apprenons aujourd'hui que des troupes britanniques débarquent dans les ports français en assez grand nombre et sont dirigées aussitôt sur les points de concentration. C'est sans doute le début du rassemblement dont parlait le colonel Repington. Les Allemands, de leur côté, concentrent de nouvelles forces destinées soit à tenter une offensive nouvelle, soit à résister à notre poussée lente et continue.

Quoique les fêtes de l'anniversaire de l'empereur ne soient pas encore terminées, elles durent habituellement huit jours, les Allemands ne paraissent pas avoir l'intention de les couronner par une attaque aussi violente que celle qui a duré du 25 au 27 inclus. Les communiqués d'aujourd'hui ne parlent que de deux attaques importantes. La première a eu lieu devant Cuinchy, près de La Bassée, mais elle n'a pas réussi, l'armée britannique a vaillamment résisté et le seul résultat obtenu par l'ennemi a été de laisser de nombreux morts sur le terrain.

La seconde s'est produite en Argonne, dans le bois de la Crurie, et nos troupes ont reculé de 200 mètres environ, malgré un combat acharné où les pertes ont été sensibles de part et d'autre.

Partout ailleurs on signale des combats d'artillerie.

En Alsace, la bataille a repris dans la région d'Hammersweiler et du côté d'Hartmansweillerkpof, mais depuis quelques jours des tranchées ont été préparées, des fortifications sont établies et nos troupes sont décidées à résister jusqu'à la dernière extrémité. Dans certains endroits, les lignes sont si rapprochées que la lutte se fait sans fusil, la baïonnette en main. Les Allemands ne passeront pas.

F. B.

Nouvelles diverses publiées par les journaux

On annonce que l'état de siège vient d'être établi à Strasbourg.

— On parle de la constitution d'un nouveau corps de volontaires garibaldiens de 30.000 hommes. Cette légion serait commandée par le général Riccioti Garibaldi et dans le cas d'intervention de l'Italie dans le conflit, ces volontaires seraient autorisés à combattre sous leur drapeau national. Ce projet ne sera sans doute pas mis à exécution, l'entrée en ligne de l'Italie devant se produire dans peu de temps.

— Il résulte de renseignements parvenus de Berlin que la flotte des zeppelins aurait perdu la moitié de ses unités depuis le 1er août. Deux de ceux qui ont accompli le dernier raid aérien ne sont pas rentrés; on les considère comme perdus.

— Le Parlement français étudie en ce moment la proposition de loi de M. Bonnefous relative à l'institution d'une médaille à attribuer aux combattants de la guerre actuelle. Cette nouvelle décoration serait dénommée « Croix de guerre ».

— Le capitaine Claude Casimir-Périer, fils de l'ancien Président de la République française, vient d'être fait prisonnier au cours des récents combats qui se sont déroulés autour de Soissons.

— On annonce la mort de l'aéronaute René Rumpelmayer, attaché à l'état-major du 2e corps anglais.

— On annonce que quatre aéros alliés ont survolé, le 29 janvier, Bruges et Zeebrugge.

— On apprend de Dunkerque que le torpilleur français *319* a coulé en vue de Nieuport, atteint par un obus ou touché par une mine.

En Russie. — On signale des opérations d'une grande importance en Prusse orientale, entre autres des mouvements de troupes russes au nord de Tilsitt. Sur la Vistule, aucune modification. On annonce que l'armée russe de Galicie a pénétré en territoire hongrois par le défilé du col de Doukla; cette armée aurait déjà fait plusieurs jours de marche en Hongrie. Les troupes autrichiennes de Bukovine ont commencé l'attaque des positions russes; elles font des efforts désespérés pour repousser les Russes en Bessarabie. Plus de 300.000 hommes vont être bientôt aux prises.

Une armée de 300.000 Austro-Allemands se concentre à Temcovar avec objectif l'invasion de la Serbie. L'entrée en ligne de la Roumanie pourrait modifier l'objectif de cette armée.

La Grèce manifeste son intention de se porter au secours de la Serbie, avec toutes les forces dont elle dispose, si la Serbie est à nouveau envahie.

Documents historiques, récits et anecdotes

LES ÉBOULEMENTS A CRAONNE. — *Comment deux compagnies furent prises.* — On a appris par un communiqué que des projectiles allemands avaient réussi à boucher l'entrée d'anciennes carrières où nos soldats avaient leur cantonnement et que deux compagnies nous furent ainsi prises.

On a pu craindre dans le public qu'un éboulement n'ait coûté la vie à nombre de nos hommes. Il n'en est rien. Les Allemands sont à cet endroit installés sur une véritable falaise crayeuse, sous laquelle sont creusées des carrières. L'entrée de ces anfractuosités se trouve au bas de la falaise, et nos soldats, établis en face de la hauteur, pouvaient ainsi trouver un abri relativement confortable au-dessous même de leurs ennemis. Ils y avaient même installé l'électricité. La nuit (la nuit seulement), ils pouvaient se rendre à la carrière et s'y installer pour un repos bien gagné.

Au bout d'un certain temps, les explosions préparées par les Allemands ont détaché tout à coup des blocs qui, en dégringolant, ont obstrué l'entrée. Mais étant donnée la nature du terrain, l'explosion n'a pas causé l'éboulement de sable ou de terre qui aurait enseveli nos hommes. Les Allemands ont pu alors, en descendant de leur falaise, mettre fin à une impossible résistance et prendre nos hommes vivants, mais ils ont trouvé là moins de prisonniers que nous n'avons le lendemain trouvé de cadavres ennemis sur le terrain après le combat, dont l'obstruction des carrières ne fut qu'un incident.

— Des cuirassés allemands a Paris. — La *Gazette de Hollande* a découvert un merveilleux article du *Pester Lloyd*, journal allemand de Hongrie. C'est l'analyse d'un plan qui est attribué à l'état-major anglais et qui consisterait à inonder une partie de la France. Le *Pester Lloyd* écrit :

« La submersion des Flandres a paru un moyen si commode de résister à la poussée allemande qu'on a résolu de l'étendre à tout le sol français. Les ingénieurs anglais se proposent maintenant d'inonder la plaine autour de Calais, et ce ne sera qu'un commencement. La France doit devenir un prolongement de l'Atlantique pour permettre à l'Angleterre de dominer un morceau de plus de la mer universelle; mais cette domination prépare de nouveaux soucis à la flotte britannique. En effet, la nécessité de cette inondation résulte du fait que l'armée française, malgré le gros contingent qu'elle a fourni pour défendre Calais, n'a pu y réussir. » (*Sic.*)

Le *Pester Lloyd* se hâte d'ajouter que l'Allemagne ne s'arrêtera pas pour si peu.

« S'il le faut, écrit-il, les cuirassés de l'Allemagne viendront devant Paris et ses sous-marins détruiront le poste radiotélégraphique de la tour Eiffel. »

Dépêches officielles

Premier Communiqué

La journée du 29 a été calme dans son ensemble. En Belgique, combats d'artillerie.

Devant Cuinchy, près de La Bassée, l'armée britannique a repoussé l'attaque de trois bataillons allemands. L'ennemi a subi de grosses pertes.

Au nord d'Arras, près de Neuville-Saint-Vaast, notre artillerie lourde a pris sous son feu une batterie allemande et fait sauter les caissons.

Dans les secteurs d'Albert, de Roye, de Soissons, de Craonne, de Reims et de Perthes, combats d'artillerie souvent assez intenses, très efficaces de la part de nos batteries.

En Woëvre, près de Flirey, les Allemands ont fait exploser une mine qui, destinée à bouleverser nos tranchées, n'a détruit que les leurs.

Sur le reste du front, rien à signaler.

Deuxième Communiqué

Il est confirmé que l'ennemi a laissé un grand nombre de morts sur le champ de bataille au nord de Lombaertzyde au pied de la Grande-Dune ainsi que devant les lignes anglaises près de La Bassée.

Bombardement assez intense d'Arras, d'Ecurie et de Roclincourt.

Sur le plateau de Nouvron, les Allemands ont fait exploser une mine sans obtenir de résultats.

En Argonne, on signale un léger recul de nos troupes et leur organisation sur de nouvelles lignes, à 200 mètres environ en arrière de celles qu'elles occupaient. Le terrain a été vivement disputé; les pertes de l'ennemi sont très élevées; les nôtres sont sérieuses.

31 JANVIER 1915

Une attaque allemande sur La Bassée est repoussée. — Des sous-marins allemands coulent deux bateaux de commerce anglais vers le Havre et deux autres dans la mer d'Irlande. — Un torpilleur russe coule des bateaux turcs à Trébezonde. — Réoccupation de Tabriz (Perse) par les Russes.

Situation des armées sur le front occidental

Les communiqués d'hier ne signalent guère, sur l'ensemble du front, que des combats d'artillerie, ils ajoutent : notre artillerie a pris partout l'avantage. C'est principalement dans les secteurs d'Arras, de Roye, de Soissons, de Reims et de Perthes que nos batteries ont fait de bonne besogne en détruisant des pièces ennemies et en dispersant plusieurs rassemblements.

Un combat d'infanterie s'est déroulé devant La Bassée, où les troupes anglaises ont réoccupé les tranchées qu'elles avaient évacuées il y a quelques jours. C'est un nouveau succès joint à la brillante action d'hier à Cuinchy.

Un télégramme officiel de Londres relate que dans l'attaque d'hier plus de 200 cadavres allemands ont été comptés devant les tranchées occupées par les Anglais, dont les pertes ont été faibles.

Dans l'Argonne, les troupes allemandes ont renouvelé leur attaque de la veille, près de Fontaine-Madame, dans le bois de la Grurie; elles sont revenues trois fois à l'assaut de nos tranchées, chaque fois elles ont été repoussées avec des pertes sensibles.

Il nous parvient par la voie des journaux des nouvelles de mouvements de troupes considérables entre Liége et

Cologne. De nombreux régiments destinés au front d'Ypres sont concentrés autour d'Isghem. De nombreux caissons et du matériel de guerre sont envoyés de Bruges dans la direction de l'Yser. Tout semble indiquer que l'ennemi profitera des premiers beaux jours pour faire une nouvelle tentative entre Ypres et l'Yser, mais cette tentative ne paraît pas devoir réussir car l'Angleterre envoie sur le front, en ce moment, des effectifs relativement élevés qui compenseront largement les renforts allemands. L'ennemi paraît redouter tout particulièrement cette ligne de l'Yser. A Beveren-Wans, 2.000 soldats allemands ont refusé d'aller dans les tranchées; ils viennent d'arriver à Roulers les mains liées derrière le dos. On va, paraît-il, les envoyer sur le front oriental. En Flandre, les rapports ne sont pas très amicaux entre Allemands et Autrichiens.

La situation paraît donc plutôt rassurante.

F. B.

Nouvelles diverses publiées par les journaux

On apprend que le sous-marin allemand *U-21* a torpillé et coulé, hier, dans la mer d'Irlande, deux vapeurs anglais, le *Linda-Blanche* et le *Ben-Cruachen*. Un autre steamer anglais, le *Tako-Maru*, a été coulé dans la Manche par un autre sous-marin.

— Deux torpilleurs anglais ayant aperçu le périscope d'un sous-marin dans la mer du Nord, se sont avancés résolument et ont éperonné le sous-marin qui doit avoir été détruit.

— Le Mikado vient d'envoyer au roi des Belges un sabre d'honneur dont la monture de la garde et du fourreau sont d'or finement ciselés. La lame, d'un armurier célèbre, porte la date de 1577. L'écrin contenant le sabre porte l'inscription suivante : « Humble témoignage du profond et pieux respect inspiré au peuple du Nippon par l'infatigable persévérance de Votre Majesté comme par le patriotisme au-dessus de tout exemple montré par les Belges dans la défense de l'humanité et de la civilisation. »

— M. Anselme Laugel, ancien député d'Alsace-Lorraine, réfugié en France, est l'objet d'une instruction en Allemagne; il est accusé de haute trahison; ses biens ont été saisis.

— Un habitant de Hayange vient d'être interné à Thionville pour avoir, le jour de l'anniversaire du kaiser, remplacé le drapeau allemand de la mairie par un drapeau français.

— On vient d'arrêter à Naples un espion allemand nommé Oscar Schiweichkard.

En Russie. — Les Russes progressent toujours en Prusse orientale. Dans la région des forêts, au nord de Pilkalien et Gumbinnen, les combats continuent. Sur les deux rives de la Vistule, la situation est inchangée. Sur le front des Carpathes, une grande bataille est engagée, les Austro-Allemands tentent de prononcer une offensive par la vallée de la San et par les cols, vers Sambor et Stry; le général Brocvitch commande en chef, mais la bataille ne paraît pas tourner en sa faveur. Malgré une résistance désespérée, les Russes avancent sur tout le front, sauf sur un point où la résistance est plus grande.

En Turquie. — L'armée turque du Caucase a encore été décimée dans la journée du 27 janvier; les Russes se sont emparés de Gorness où ils ont fait prisonnier le général commandant la 30ᵉ division turque et son état-major. Les Turcs fortifient la place d'Erzeroum. Les troupes russes qui s'étaient portées au secours des Perses ont battu les Turcs à Sofian et ont réoccupé Tabriz. Les Turcs se retirent vers Moragha.

L'anarchie règne toujours à Constantinople, beaucoup de personnes parlent de rétablir le sultan détrôné Abdul-Hamil.

La flotte russe de la mer Noire ayant aperçu dans la journée du 27 janvier les croiseurs turcs *Medjidié* et *Breslau*

leur donna la chasse jusqu'à la nuit. Le 28, un torpilleur russe a bombardé les troupes turques à Trébizonde.

Documents historiques, récits et anecdotes

Nos zouaves prennent un obusier de 320 et six mitrailleuses. — Depuis plusieurs semaines, un gros obusier allemand — un 320 — arrosait Nieuport et ses environs sans qu'il soit possible à notre artillerie lourde de le repérer.

Or, dans la nuit du 22 au 23 janvier, les zouaves qui occupent les tranchées entre Lombaertzyde et la mer remarquèrent que les lueurs produites par cette pièce semblaient sortir du sable, à une faible distance d'eux.

Il fut décidé d'envoyer aussitôt quelques hommes pour tâcher de découvrir l'endroit exact où cette pièce se trouvait.

Les hommes partirent et ne tardèrent pas à revenir avec tous les renseignements désirables.

L'obusier était, en effet, tout près des tranchées françaises, enterré complètement dans le sable et seulement défendu par six mitrailleuses.

Il n'y avait pas à hésiter, il fallait prendre la pièce. L'expédition était périlleuse, mais il fallait la tenter.

Dans la matinée, une compagnie de zouaves sortit donc de la tranchée et s'approcha en rampant.

A quelques mètres seulement de la pièce, nos soldats furent découverts par les mitrailleurs ennemis, qui ouvrirent le feu sur eux.

Cela ne les arrêta pas. Beaucoup tombèrent, mais les autres clouèrent sur place mitrailleurs et artilleurs boches.

La pièce était prise ainsi que les six mitrailleuses.

La nuit suivante, les Allemands avancèrent en rangs serrés pour tenter de reprendre leur obusier.

Mais notre artillerie, prévenue à temps, fit pleuvoir sur eux une telle quantité d'obus qu'un quart d'heure après on disait dans nos lignes :

« La contre-attaque ennemie a complètement échoué. »
— (*Petit Journal*.)

Dépêches officielles

Premier Communiqué

La lutte pendant la journée du 30 s'est bornée sur presque tout le front à un combat d'artillerie. La canonnade a été intense de part et d'autre sur de nombreux points. Notre artillerie a pris partout l'avantage.

Devant La Bassée, l'armée britannique a repris la totalité des tranchées qu'elle avait momentanément perdues.

Les Allemands ont canonné le clocher et l'église de Fonquevillers (au sud d'Arras).

Dans les secteurs d'Arras, de Roye, de Soissons, de Reims et de Perthes nos batteries ont détruit deux pièces ennemies, plusieurs ouvrages, un certain nombre de lance-bombes, dispersé plusieurs rassemblements, des bivouacs et des convois.

En Argonne, dans le bois de la Grurie, où nos troupes ont dû, le 29, opérer le léger recul précédemment signalé, les Allemands ont prononcé hier, près de Fontaine-Madame, trois nouvelles attaques qui ont été repoussées.

De l'Argonne aux Vosges aucun changement; nous tenons notamment près de Badonviller le village d'Angomont que les Allemands prétendent avoir occupé.

Deuxième Communiqué

Aucun incident notable n'est signalé.

1ᵉʳ FEVRIER 1915

Violents combats vers Cuinchy et La Bassée. — Les Français s'emparent d'un bois au nord de Mesnil-les-Hurlus. — Le navire-hôpital anglais « Asturias » est torpillé par un sous-marin allemand dans la Manche. Le « Kilcoan-Garston » est coulé au nord-ouest de Liverpool.

Situation des armées sur le front occidental

Depuis le gros effort du 27 janvier, effort que nous avons victorieusement repoussé, nous sommes retournés à la série habituelle des duels d'artillerie et des combats de tranchées. Nous n'avons pas à nous plaindre, cela prouve suffisamment l'épuisement de l'ennemi et le besoin qu'il ressent de se recueillir et de renforcer ses lignes.

Dans la journée d'hier, les Allemands ont essayé une attaque contre nos tranchées au sud-est d'Ypres, mais ils n'ont pas pu la prononcer ayant été arrêtés aussitôt par les feux d'artillerie et d'infanterie combinés.

On prétend que les Allemands vont essayer, cette semaine, une vigoureuse offensive dans cette région, entre Ypres et Nieuport. Les alliés se préparent à y résister.

Ce matin, les Anglais ont été violemment attaqués au nord de la route de Béthune à La Bassée; les Allemands ont été à nouveau repoussés; ils voulaient sans doute se venger de leur échec de la veille devant La Bassée, mais ils n'ont réussi qu'à laisser sur le terrain de nombreux morts. Même attaque et même résultat à Beaumont-le-Hamel, au nord d'Albert; sur ce dernier point leur attaque s'est transformée en une véritable déroute, ils ont même abandonné sur le terrain les explosifs destinés à être jetés dans nos tranchées.

Le bois de la Gruerie, en Argonne, paraît être en ce moment l'objectif principal des Allemands; ils paraissent avoir un grand intérêt à nous refouler dans cette région, car leurs attaques sont violentes, souvent répétées et effectuées avec des effectifs importants. Ce matin, vers Bagatelle, ils ont fait sauter une de nos tranchées avec des fourneaux de mines, nous avons dû l'abandonner, mais l'attaque a été repoussée. Il faut s'attendre à de nouvelles attaques dans l'Argonne car l'activité ennemie est très grande.

F. B.

Nouvelles diverses publiées par les journaux

— On annonce qu'un vapeur anglais, le *Kilcoan-Garston*, a été torpillé, le 31 janvier, par un sous-marin allemand à hauteur de Liverpool.

— Deux avions allemands ont survolé hier Lunéville et ont jeté des bombes sur les usines de Moncel et de Chaudfontaine. A Pont-à-Mousson, deux avions ont jeté des bombes; un vigneron de Montrichard, M. Lenot, âgé de 67 ans, a été tué. Enfin, à Nancy, six bombes ont été jetées aux environs de la gare Saint-Georges.

— Lors de leur dernier raid sur Dunkerque, dans la nuit du 29 au 30 janvier, trois avions allemands ont été atteints par nos obus; ils ont été trouvés sérieusement endommagés aux environs de Dunkerque; les aviateurs se sont enfuis.

— Le comte Zeppelin a quitté Wilhelshaven à bord d'un nouveau dirigeable géant; il se rend en Flandre porteur d'un nouveau plan d'invasion de la Grande-Bretagne.

— Deux espions allemands viennent d'être fusillés au Maroc.

— M. Paul Aynard, du 17ᵉ de ligne, fils de l'ancien vice-président de la Chambre, vient d'être tué au champ d'honneur.

— Un arrêté du bourgmestre de Berlin fixe le droit de

consommation de chaque habitant à 2 kilogrammes de pain et de farine par jour. Cette mesure va être étendue au reste de l'empire.

— Le kaiser a quitté le front occidental pour rentrer à Berlin; il souffre, paraît-il, beaucoup de la gorge.

En Russie. — Les Russes mènent activement la campagne en Prusse orientale; une bataille se livre sur le front qui s'étend du haut des lacs jusqu'à un point où la frontière tourne à l'ouest vers la mer, au nord de Tilsitt.

L'armée austro-allemande vient de subir une grosse défaite, qui peut devenir un véritable désastre, à Tarnow. Les Autrichiens ont perdu 12.000 hommes, des mitrailleuses, des canons; les débris de l'armée se retirent dans la direction de Cracovie.

En Turquie. — Près du canal de Suez, les avant-postes anglais et turcs sont en vue les uns des autres.

Une patrouille anglaise a tiré sur un aviateur français et sur un pilote anglais, leurs uniformes étant semblables à ceux des Turcs.

En Serbie. — Les inondations paraissent retarder l'invasion de la Serbie. La Turquie insiste beaucoup pour qu'une nouvelle campagne soit entreprise contre les Serbes, car sans cela elle se trouvera bientôt dans une situation difficile.

Les troupes serbes sont maintenant reposées et concentrées; elles attendent l'invasion sans crainte. La Grèce confirme son intention de se porter au secours des Serbes si leur territoire est à nouveau envahi. Un service de navigation entre la Serbie et la Roumanie a été inauguré le 30 janvier.

Documents historiques, récits et anecdotes

CHOCOLAT, PUPILLE DU 8ᵉ VITRIERS. — Il est arrivé à Fontenay-le-Comte, au dépôt du 8ᵉ bataillon de chasseurs à pied, un enfant-soldat, que tous appellent le « poilu » Chocolat.

Ce petit brave de 13 ans se nomme en réalité Charles Bascle. Il est né à Bagnolet (Seine). Ayant perdu ses parents, il fut recueilli par un abbé qui le plaça chez M. Lejeune, fermier à Baroche, dans l'arrondissement de Briey.

La guerre survint et ce fut l'invasion. Les Boches dévastèrent la ferme de M. Lejeune. Le fermier et sa famille s'exilèrent, abandonnant le petit Bascle. Celui-ci se débrouilla tout seul.

Comme le 8ᵉ chasseurs était dans les environs, il suivit les petits vitriers. Le commandant et les soldats l'adoptèrent comme pupille, le baptisèrent Chocolat, et il fut admis à marcher avec le convoi de munitions. Il se montra endurant et brave à l'égal d'un « poilu ». Il suivit le bataillon aux combats d'Arrancy, de la Marne, de la Fère-Champenoise, puis en Belgique. A la bataille de la Marne, toute une journée sous la mitraille et insouciant de la mort, il ravitailla en munitions une section. Y avait-il des blessés gémissants ? Chocolat leur portait à boire en attendant que les ambulanciers puissent les venir relever.

Il se trouvait à Furnes quand il fut atteint par la typhoïde. Il resta à l'hôpital de cette ville pendant le bombardement, puis il fut transporté à l'hôpital de Dunkerque. Lorsqu'il fut guéri, Chocolat fut présenté au général Foch, que l'on avait mis au courant de son odyssée.

Le général pensa que ce jeune brave avait gagné droit de trouver dans le 8ᵉ bataillon de chasseurs, auquel il avait été si dévoué, un foyer et une famille. Il ordonna qu'il compterait à l'effectif et Chocolat fut affecté à la 14ᵉ compagnie. C'est ainsi qu'il est venu en congé de convalescence rejoindre son dépôt à Fontenay. Il y a reçu évidemment un affectueux accueil.

-- DANS LE TAILLIS DES NONNES. -- *Des salines valant 60 milliards.* -- Relatant les opérations qui se déroulent en Haute-Alsace, l'*Union républicaine de la Marne* donne des détails sur la forêt de Nonnenbruck (le Taillis des Nonnes), à la lisière de laquelle les Allemands ont installé leurs batteries.

Cette forêt va certainement jouer un rôle très important dans les prochaines opérations; elle sépare Cernay de Mulhouse. Les Allemands travaillent fiévreusement à la transformer en forteresse pour s'opposer à l'attaque des Français contre Mulhouse.

Ils y ont placé beaucoup d'artillerie lourde, creusé des tranchées et l'ont minée sur une grande étendue.

Sachant cela, les Français ne manquent pas de la canonner, et les projectiles à la mélinite ont causé déjà de sérieux dégâts, ainsi qu'à la voie ferrée Mulhouse-Cernay.

Le Taillis des Nonnes n'est pas seulement la route droite vers Mulhouse; la forêt offre en plus une importance économique immense et constitue une des plus fantastiques richesses de l'univers.

Cette richesse est tout à fait nouvelle, puisqu'elle n'est connue que depuis dix ans; elle consiste en gisements de sels de potasse.

Dans ce taillis, treize puits sont en exploitation; leur valeur est, au bas mot, de 60 milliards. Cette fortune énorme appartient à des capitalistes allemands et nommément à la Reichsbank.

Quand ces salines de potasse seront en notre pouvoir, nous posséderons un gage d'une valeur qui nous permettra de subvenir à toutes les dépenses qui nous auront été infligées par la guerre, un gage d'une valeur qui dépassera tous les impôts de guerre possibles.

Dépêches officielles

Premier Communiqué

La journée du 31 a été marquée, comme la précédente, par une lutte d'artillerie qui a été particulièrement vive dans toute la région du Nord.

Au sud-est d'Ypres, les Allemands ont tenté sur nos tranchées, au nord du canal, une attaque qui a été immédiatement arrêtée par nos feux combinés d'artillerie et d'infanterie.

Sur tout le front de l'Aisne, depuis le confluent de cette rivière et de l'Oise jusqu'à Berry-au-Bac, nos batteries ont réussi un certain nombre de réglages heureux, démoli des tranchées en construction, des abris de mitrailleuses et fait taire, en plusieurs endroits, les lance-bombes et l'artillerie de l'ennemi.

En Champagne, au nord-est de Mesnil-les-Hurlus, nous avons consolidé notre organisation autour d'un petit bois dont nous nous sommes emparés avant-hier.

La journée a été relativement calme dans l'Argonne où les Allemands paraissent avoir beaucoup souffert des récents combats.

Rien d'intéressant à signaler sur le front de Woëvre, de Lorraine et des Vosges.

Deuxième Communiqué

La nuit du 31 janvier au 1er février a été très calme.

Le 1er février, dans la matinée, l'ennemi a violemment attaqué nos tranchées au nord de la route Béthune-La Bassée. Il a été repoussé et a laissé de nombreux morts sur le terrain.

A Beaumont-Hamel (nord d'Albert), l'infanterie allemande a tenté une surprise sur une de nos tranchées; elle a été contrainte à s'enfuir en abandonnant sur place les explosifs dont elle était munie.

En Argonne, grande activité dans la région Fontaine-Madame et bois de la Gruerie. Une attaque allemande a été repoussée vers Bagatelle; une de nos tranchées, bouleversée par deux fourneaux de mines, a été évacuée sans pertes.

Dans les Vosges et en Alsace, aucune action n'est signalée. Chute de neige très abondante.

2 FEVRIER 1915

Une nouvelle attaque allemande sur Saint-Paul. — est repoussée. — Bombardement de la gare de Noyon par l'artillerie lourde française. — Une tentative des Turcs de franchir le canal de Suez est repoussée. — Violents combats dans la région de Borgimow (Pologne).

Situation des armées sur le front occidental

Le communiqué du 29 janvier nous a annoncé que, dans la journée du 28, notre infanterie avait pris pied dans la « Grande-Dune », région de Nieuport. On pourrait croire qu'il s'agit là d'une toute petite opération tellement est modeste cette partie du communiqué. Or il s'est livré dans la Grande-Dune une véritable bataille qui a été une victoire pour les alliés, puisqu'il nous parvient aujourd'hui que le nombre des prisonniers allemands que nous avons faits peut être évalué à un bataillon et que les pertes ennemies en tués et blessés s'élèvent à un millier d'hommes. Plusieurs gros canons, dissimulés dans les replis des dunes, ont été mis hors de service.

Dans la journée d'hier, 1er février, l'artillerie allemande a bombardé cette position de la Grande-Dune ainsi que les divers points d'appui dont nous nous sommes emparés depuis quelque temps dans la même région.

On signale également une violente attaque d'infanterie contre les troupes britanniques, vers Cuinchy; les Anglais ont d'abord reculé, mais par une série de contre-attaques ils ont progressé au-delà du terrain perdu.

Nous avons progressé dans la région de Perthes-les-Hurlus, nous nous sommes emparés d'un petit bois situé au nord-ouest de cette localité et dans la nuit du 1er au 2 février nous avons encore avancé au-delà de la lisière de ce petit bois.

Deux attaques allemandes ont été repoussées, l'une en Argonne, près de Bagatelle; l'autre à l'ouest du bois Le Bouchot, près de Troyon-sur-Meuse.

En Alsace, les opérations locales ont repris une nouvelle intensité vers Burnhaupt-le-Bas, où nos troupes ont sensiblement progressé.

Comparée à la journée précédente, celle du 1er février a été marquée par un redoublement d'activité sur l'ensemble du front; les combats, d'une importance secondaire si on considère les effectifs engagés, ont été heureux pour les troupes alliées.

F. B.

Nouvelles diverses publiées par les journaux

Les ministres des finances des trois puissances alliées, MM. Lloyd Georges pour l'Angleterre, Barth pour la Russie et Ribot pour la France, se sont réunis hier à Paris pour examiner les importantes questions qui se rattachent à l'organisation financière de la guerre.

— On annonce que le fils aîné du général von Kluck, lieutenant de vaisseau, a été tué à Midlkerke, le 26 janvier, au cours d'un combat d'artillerie.

— Hier, un avion français a jeté des bombes sur la gare de Rechwiller, près de Mulhouse, causant des dégâts considérables.

— Un avion allemand a survolé Belfort aujourd'hui, mais il a été pourchassé par un avion français et il s'est enfui.

— On annonce qu'un conseil de guerre a été tenu hier à Berlin, sous la présidence du kaiser; de nouveaux plans de guerre ont été préparés.

— Le prince Alexis de Serbie a débarqué hier à Marseille; il doit rester quelques jours à Paris et se rendre ensuite à Londres. Il est chargé d'une mission pour la Croix-Rouge serbe.

— Hier, 1ᵉʳ février, un sous-marin allemand a lancé une torpille, sans l'atteindre, contre le navire-hôpital anglais *Asturias,* qui se trouvait à proximité du port du Havre.

En Russie. — Le grand état-major russe communique que, sur la rive droite de la Vistule, la cavalerie russe a exécuté un raid au nord de Serpetz; elle a fait de nombreux prisonniers.

Dans la région de Borgimow, les attaques allemandes ont été repoussées; elles ont été désastreuses pour l'ennemi qui a été repoussé avec des pertes énormes; on parle de 6.000 tués et de nombreux blessés.

On confirme un échec autrichien dans la Bukovine; les troupes autrichiennes ont été repoussées à Jacobini. Leurs pertes s'élèvent à 3.000 tués.

Dans les Carpathes, les opérations n'ont subi aucune modification.

En Turquie. — Les troupes russes ont remporté de nouveaux succès dans le Caucase. La dernière division turque a été battue. Le quartier général ennemi a été emporté d'assaut. Le général en chef et tous les officiers ont été faits prisonniers.

En Europe, les Turcs ont, paraît-il, complètement évacué Andrinople. On croit à une entente entre la Bulgarie et la Turquie.

Chez les neutres. — Un télégramme d'Athènes annonce que 150 marins bulgares sont arrivés à Dedéagath, port bulgare sur la mer Egée, pour y poser des mines.

On annonce également d'Athènes que les Italiens s'apprêtent à étendre l'occupation de l'Albanie jusqu'à la ligne occupée par les troupes grecques. 20.000 Italiens arriveront à Bari prochainement.

Documents historiques, récits et anecdotes

L'AFFAIRE DU MOULIN ROSE. — Lorsque les troupes franco-belges, après s'être assuré une tête de pont, réussirent à franchir l'Yser, elles furent arrêtées dans leur élan par le feu infernal que crachaient les mitrailleuses allemandes du moulin Rose.

Notre artillerie, le soir même, détruisit le moulin et mit en pièces les mitrailleuses. Une attaque vigoureuse fut décidée; elle se produisit le 27 décembre; conduite avec brio, elle amena nos soldats à quelques mètres des tranchées ennemies, mais encore une fois ils durent se replier sous le feu terrible de l'adversaire.

Le lendemain matin, quelle ne fut pas la colère de nos braves en apercevant au sommet du moulin en ruines un drapeau allemand : les Boches les narguaient.

Une heure plus tard, 150 volontaires se présentaient devant le commandant du secteur et s'offraient à aller chercher l'emblème ennemi.

Ce n'est que le 9 janvier au soir que, profitant d'une accalmie de la tempête qui sévissait depuis deux semaines, ils purent prendre l'offensive tant désirée.

Les volontaires se divisèrent en deux groupes. Alors que les premiers franchissaient l'Yser à un kilomètre à l'ouest et s'avançaient à la faveur de la nuit sur l'étroite bande de terrain qui sépare les prairies inondées, les autres s'approchaient le plus possible du moulin en droite ligne, sans éveiller toutefois l'attention de l'ennemi.

A l'heure convenue, 3 heures du matin, le premier groupe devait à ce moment avoir atteint le point désigné. Un clairon donna le signal de l'assaut et les 75 volontaires s'élancèrent baïonnette en avant.

Les Allemands, surpris en plein sommeil, mirent quelque temps à se ressaisir et leur hésitation permit à nos soldats de parvenir aux tranchées de première ligne qu'ils occupèrent sans rencontrer une sérieuse résistance, mais ce rapide succès ne parut pas satisfaire les nôtres qui ne voyaient pas arriver l'intervention de l'autre groupe.

À ce moment éclate sur la gauche une terrible fusillade; il y a de la confusion dans les rangs allemands, les Boches se demandent ce qui se passe; la réponse ne se fait pas attendre.

Surgissant de l'obscurité, les 75 autres volontaires, que le vent a empêchés d'entendre le premier signal, se précipitent en hurlant pour tromper l'ennemi sur le nombre des assaillants. Les voilà qui chargent à la baïonnette, renversant tout sur leur passage. Les Allemands, désemparés, abandonnent leurs mitrailleuses, leurs blessés et fuient en désordre.

Un dernier corps à corps se produit dans le moulin même où 40 Wurtembergeois sont encore enfermés, mais au premier contact ils jettent leurs armes et se rendent.

Lorsque le jour se leva, en ce matin du 10 janvier, le drapeau allemand ne flottait plus sur les ruines du moulin Rose devenu le moulin Rouge, rouge du sang de nos héros.

Dépêches officielles

Premier Communiqué

La journée du 1er février a été marquée par un redoublement d'intensité de la lutte d'artillerie de part et d'autre et par une série d'attaques allemandes, d'importance d'ailleurs secondaire, toutes repoussées avec des pertes sérieuses pour nos adversaires en proportion des effectifs qu'ils ont engagés.

En Belgique, l'artillerie lourde allemande s'est montrée tout particulièrement active sur le front des troupes belges et principalement contre les divers points d'appui dont celles-ci se sont emparées depuis quelque temps dans la région de l'Yser. Autour d'Ypres, canonnades très violentes par endroits.

De la Lys à la Somme, des éléments d'un régiment allemand ont attaqué un poste anglais vers Cuinchy et l'ont d'abord refoulé; après une série de contre-attaques, les troupes britanniques ont réoccupé le terrain perdu puis progressé au-delà, en s'emparant des tranchées ennemies.

L'action signalée dans le communiqué du 1er février, 23 heures, et qui s'est déroulée le long de la route de Béthune à La Bassée a été particulièrement brillante pour notre infanterie. L'effectif engagé par les Allemands semble avoir été d'un bataillon au minimum; les deux premières attaques ont été brisées par notre feu; la troisième est parvenue à entrer dans une de nos tranchées, mais une contre-attaque immédiate à la baïonnette nous permit de bousculer l'ennemi. Quelques Allemands réussirent seuls à regagner leurs tranchées; tous les autres furent tués ou pris.

Entre la Somme et l'Oise et sur le front de l'Aisne, aucun événement important à signaler en dehors de l'attaque allemande sur Beaumont-Hamel qui n'a pas été renouvelée. Notre artillerie de gros calibre a bombardé la gare de Noyon, où avaient lieu des opérations de ravitaillement de l'ennemi et a provoqué deux explosions dont la fumée a persisté plus de deux heures et demie.

Dans la région de Perthes, nos progrès méthodiques continuent; nous avons occupé un nouveau petit bois au nord-ouest de ce village.

En Woëvre, l'ennemi a tenté, sur la corne ouest du bois Le Bouchot (nord-est de Troyon) une attaque immédiatement enrayée.

Rien à signaler sur le front de Lorraine et des Vosges.

Deuxième Communiqué

De la mer à la Lys, l'artillerie allemande a essayé, sans succès, de contrebattre la nôtre.

Dans le secteur d'Arras, fusillade pendant toute la nuit du 1er au 2 sans attaque d'infanterie.

Près de Soissons, nous avons endommagé les batteries de l'ennemi et repoussé, à Saint-Paul, l'attaque d'une fraction d'infanterie.

Nouvelle progression près de Perthes-les-Hurlus, à la lisière du bois dont l'occupation par nos troupes a été précédemment signalée.

En Argonne, près de Bagatelle, nous avons repoussé une attaque allemande.

Dans les Vosges, canonnade de nuit à Uffholz et progression de nos troupes vers Burnhaupt-le-Bas.

---

3 FEVRIER 1915

Violents combats vers Perthes, Mesnil et Massiges. — Les Allemands lancent des brûlots sur la rivière l'Ancre en amont d'Aveluy. — Violente bataille à Gomine (Pologne). — Les Turcs sont battus à El-Kantara (canal de Suez).

Situation des armées sur le front occidental

Les Allemands continuent à attaquer un peu partout sur le front occidental; on pourrait croire qu'ils se font un plaisir de sacrifier leurs troupes dans des combats dont on ne voit pas l'utilité et qui ne donnent aucun résultat appréciable.

Les communiqués d'aujourd'hui ne signalent aucune action d'infanterie de la mer du Nord à l'Oise. Cette inaction serait due, d'après les journaux anglais, aux inondations qui existent dans les Flandres et à des mouvements de troupes importants qui se continuent en Belgique dans la direction de Courtrai et de Mons. Ils persistent même à dire que l'attaque allemande se fera cette semaine et partira du sud-est de Mons. Comme nous n'avons que peu de jours à attendre, nous saurons prochainement si, par extraordinaire, les nouvelles de source hollandaise sont exactes.

Les Allemands viennent d'inaugurer, dans la guerre actuelle, l'emploi des brûlots, engins dont se servaient nos aïeux pour incendier les ouvrages en bois de l'adversaire; le communiqué de 15 heures nous dit que l'ennemi a lancé des brûlots sur la rivière l'Ancre, en amont d'Aveluy, mais que ces engins ont été arrêtés avant l'explosion. Nous verrons sans doute réapparaître avant la fin de cette guerre toutes les méthodes de destruction employées par les barbares de l'antiquité.

En Champagne, nous avons progressé près de Perthes, dans la journée du 2 février et nous avons ensuite repoussé plusieurs contre-attaques dans la même région, à l'ouest de Perthes, au nord de Mesnil-les-Hurlus et au nord de Massiges.

L'Argonne est toujours le théâtre de violents combats; près de Bagatelle, on se bat sans interruption et les attaques allemandes sont continuelles depuis plusieurs jours. Dans la journée du 2 et dans la nuit du 2 au 3 nous avons repoussé trois attaques dans lesquelles l'ennemi a éprouvé des pertes très sensibles.

F. B.

Nouvelles diverses publiées par les journaux

Un avion allemand ayant survolé la localité de Bonfol (Suisse), deux compagnies d'infanterie l'accueillirent par une vive fusillade; il disparut dans la direction de Bâle.

— Deux aviateurs de marine partis le 31 janvier de Paris furent obligés d'atterrir, par suite d'une panne de moteur, à Saint-Léger-le-Pauvre; au moment où il touchait le sol, l'appareil capota et les deux aviateurs furent projetés à plusieurs mètres; un des aviateurs, M. Pierrin, a été sérieusement blessé.

— On vient d'arrêter à Saint-Maixent (Deux-Sèvres), sous l'inculpation d'espionnage, le nommé Laugel, directeur de la brasserie Pelletan et Cie.

— On annonce de Pétrograd que des sous-marins russes ont coulé, le 27 janvier, un torpilleur allemand dans la mer Baltique, au large du cap Moen.

— On télégraphie de New-York qu'un officier allemand, Werner von Horn, a tenté de détruire par la dynamite le pont du chemin de fer qui traverse la rivière Sainte-Croix (Canada); il a été arrêté.

— On annonce de Tokio qu'une ambulance de la Croix-Rouge japonaise est en route pour la France où elle arrivera dans quelques jours.

En Russie. — L'offensive russe se poursuit dans les Carpathes dans des conditions très avantageuses; de nombreuses troupes se portent en avant sur la ligne de la basse Polianka à Lutowicka pour empêcher les Autrichiens de prendre l'offensive dans les passes de la Beskide et de Wyszkow.

L'encerclement de Przemysl se resserre étroitement, les vivres font complètement défaut.

L'état-major russe fait connaître le nombre des prisonniers allemands et autrichiens internés en Russie : 1.476 officiers et 173.924 soldats allemands; 3.621 officiers et 410.257 soldats autrichiens. Le nombre des prisonniers pour la seule semaine écoulée est de 50.000 hommes.

En Turquie. — Un télégramme de Pétrograd annonce que les flottes alliées ont complètement détruit quatre forts des Dardanelles au cours d'une attaque par surprise. La panique règne à Constantinople, le gouvernement fait des préparatifs pour transporter les archives de l'Etat en Asie-Mineure.

Les troupes britanniques ont pris contact avec l'armée

turque d'invasion de l'Egypte, à Ismaïlia. L'ennemi a battu en retraite.

Un bâtiment auxiliaire turc a touché une mine dans la mer Noire et a coulé dans le voisinage de Trébizonde ; 60 hommes ont péri.

En Roumanie. — Le gouvernement roumain a demandé des explications au ministre d'Autriche à Bucarest, au sujet de la concentration de troupes austro-allemandes à la frontière roumaine. Le comte Czernin a répondu que cette concentration avait pour but d'enrayer l'avance des troupes russes en Bukovine.

L'attitude bizarre de la Bulgarie doit, suivant un journal italien, hâter l'entrée en campagne de la Roumanie.

Documents historiques, récits et anecdotes

PERTHES-LES-HURLUS. — La plaine est vide. Il est impossible de distinguer l'infanterie. Tous sont terrés dans leur trou, mais le dernier coup de canon vient d'être tiré.

Nos soldats, brusquement, avec la rapidité de l'éclair, se sont précipités dans les tranchées ennemies bouleversées et la plaine retombe dans un silence de mort.

Les Allemands qui ont échappé à la mort sont faits prisonniers, et bientôt les voilà encadrés par nos hommes qui les emmènent à l'arrière de la ligne de feu.

Ils semblent anéantis. Interrogés, ils cherchent leurs mots en proie à une frayeur intense. Ils ont l'air de revivre un cauchemar épouvantable. L'un d'eux, qui a fait campagne depuis le début des hostilités et qui appartient au 8e corps, ne peut surmonter sa peur. Il avoue que la bataille de la Marne où les pertes allemandes furent terribles, ne fut qu'un jeu à côté de la rencontre d'aujourd'hui. Il est heureux, et il paraît l'être véritablement d'être sorti de cet enfer. « Je ne pense pas être un mauvais Allemand pour oser dire cela ; j'ai certainement payé ma dette à ma patrie, maintenant que j'ai vécu ce jour damné. »

Tous se demandent comment ils ne sont pas devenus fous, après avoir été exposés à une telle pluie d'obus.

La nuit se passe en fusillades et canonnades réduites sans que les Allemands tentent la moindre contre-attaque.

Le lendemain, le bombardement redouble d'intensité.

De notre côté, le bruit est encore plus infernal que la veille. L'air est sillonné de projectiles. Les tranchées allemandes situées au nord-est de Perthes sont bouleversées de fond en comble. A chaque explosion, on peut voir à la jumelle les hommes et les fusils voler en l'air.

Les Allemands sont hachés ou enterrés vivants.

Un officier du génie, pour sauver sa vie, se réfugie dans un couloir de mine.

Notre infanterie, qui a repris sa marche en avant, le fait prisonnier.

Il est stupéfait de la précision de notre tir.

Un officier d'infanterie et quatre soldats teutons, affolés par nos obus, réussissent à s'échapper et se mettent à couvert dans un abri solide.

A nos soldats qui les découvrent, ils disent qu'ils sont terrifiés par la violence de notre feu. Ce sont les seuls survivants des défenseurs de cette ligne de tranchées.

Notre attaque se poursuit au nord de Perthes.

Nos soldats tombent à l'improviste sur les survivants de la 3e compagnie du 28e régiment d'infanterie allemande. Sur les cent hommes qui défendaient la tranchée, il n'en subsiste que dix et le lieutenant commandant.

Aussi, quand, vers midi, nous rejoignons les cantonnements, tous les visages sont joyeux.

Malgré le temps épouvantable qu'il fait, lorsque nous atteignons la route qui va de Valmy à Suippes, nous sommes surpris de l'animation extraordinaire qui se manifeste partout. Des automobiles la sillonnent dans tous les sens, croisant des convois sans fin.

Dans les petits boqueteaux qui se dressent sur les plaines vallonnées de la Champagne, nous apercevons des tentes blanches ou des maisonnettes de terre. Il y en a par milliers édifiées rapidement, et au milieu circulent des soldats en plus grand nombre encore. Tout le monde est gai, et il semble qu'un souffle nouveau anime nos guerriers.

Dans les villages de Suippes et de Sommes-Suippes, nous assistons à des concerts donnés par nos musiques militaires.

Les doigts gelés, nos braves musiciens trouvent tout de même le moyen de jouer des morceaux avec autant de maestria que dans les squares et autour sont groupés les soldats au repos, et il leur semble qu'ils ont retrouvé un peu de leur coin familial.

Et pendant que nous nous éloignons, nous rencontrons un régiment d'infanterie qui revient des tranchées et une batterie d'artillerie qui rejoint son cantonnement. Bien que victorieux, ils sont aussi calmes qu'au retour d'un champ de manœuvres. — (*La France,* de Bordeaux.)

Dépêches officielles

Premier Communiqué

Rien à signaler au nord de la Lys.

Entre la Lys et l'Oise, dans le secteur de Noulette (ouest de Lens), nos batteries ont imposé silence à une vive fusillade.

Les Allemands ont lancé des brûlots sur la rivière l'Ancre, en amont d'Aveluy (nord d'Albert); ces engins ont été arrêtés par nous avant l'explosion.

Notre artillerie a continué à obtenir dans la vallée de l'Aisne d'excellents résultats.

Nous avons légèrement progressé en faisant des prisonniers et en repoussant une contre-attaque à l'ouest de la cote 200, près de Perthes.

En Argonne, une seconde attaque allemande a eu lieu hier près de Bagatelle, vers 18 heures; elle a été repoussée, comme celle déjà signalée, qui avait eu lieu à 13 heures.

Calme sur le front de la Meuse aux Vosges.

En Alsace, nous nous organisons sur le terrain gagné au sud d'Ammerzwiller.

Deuxième Communiqué

Rien à signaler sinon :

En Champagne, trois attaques allemandes toutes repoussées, à l'ouest de Perthes, au nord de Mesnil-les-Hurlus et au nord de Massiges.

En Argonne, une nouvelle attaque à Bagatelle, refoulée par nos troupes dans la nuit du 2 au 3.

4 FEVRIER 1915

Un avion allemand est abattu près de Verdun. — Une attaque allemande à Notre-Dame de Lorette est repoussée. — L'Allemagne notifie aux puissances neutres que les navires de commerce seront torpillés sans avis préalable dans la zone de guerre.

Situation des armées sur le front occidental

On se bat avec acharnement sur l'Yser, depuis deux ou trois jours. L'armée belge est aux prises avec l'armée allemande qui voulait s'emparer des positions occupées par les Belges. Dans toute la partie non inondée et notamment près de Westende ce ne sont que furieuses charges à la baïonnette avec des pertes assez élevées de part et d'autre. Les navires anglais appuient les forces belges et bombardent continuellement la cote sur tout le front de Westende.

Dans la région inondée, toute opération militaire est impossible, l'eau dans beaucoup d'endroits a deux mètres de profondeur.

Quoique le communiqué officiel n'en fasse pas mention, des combats doivent être engagés vers Ypres.

A Notre-Dame-de-Lorette, une attaque allemande a été rejetée dans la matinée du 3 février.

Nous avons attaqué les lignes allemandes à l'ouest de la route de Lille à Arras et nous avons progressé légèrement.

En Woëvre et dans les Vosges, on ne signale pendant la journée d'hier que des combats d'avant-postes.

Sur l'ensemble du front, l'artillerie tonne continuellement et fait éprouver des pertes sensibles à l'ennemi en détruisant ses batteries et en dispersant ses rassemblements de troupes.

En Alsace, le dégel a commencé et les opérations d'infanterie sont plus importantes, aussi avons-nous réalisé quelques progrès au nord de Hartmannswillerkopf, vers Kolschlag. Dans la matinée du 4 février, une vigoureuse offensive allemande a été repoussée près d'Uffholz. Nos aviateurs survolent continuellement l'Alsace afin de connaître les positions de l'ennemi.

La ville de Thann, que l'on disait complètement détruite par l'incendie et le bombardement, a beaucoup souffert, mais les dégâts ne sont pas aussi importants qu'on l'a dit. On espère qu'elle sera prochainement mise à l'abri de nouveaux bombardements.

F. B.

Nouvelles diverses publiées par les journaux

Le 3 février, un biplan français, monté par deux officiers, a été obligé d'atterrir à Colynsplaat (Hollande). Les aviateurs ont été internés.

— Le kaiser est arrivé dans la matinée du 4 février à Wilhelmshaven. Il a passé la revue de la flotte allemande et il a décoré de la Croix de fer tout l'équipage du sous-marin *U-21* pour avoir coulé des navires marchands anglais dans la mer d'Irlande.

— La Chambre française des députés, dans sa séance du 4 février, a adopté la création de la médaille de guerre dite « Croix de guerre » qui sera attribuée aux combattants de la guerre actuelle.

— Un aviateur français a détruit, ces jours derniers, le château de Hombourg, sur la route de Bâle à Strasbourg, qui servait de quartier général à un état-major allemand.

— Le conseil général de Berlin a décidé que 12.000 agents de police seraient chargés de garder les boutiques de boulangers pour assurer l'exécution des règlements tant en ce qui concerne la fabrication du pain que la distribution. 500 boulangers auraient fermé leurs boulangeries.

— Le gouvernement français a décidé que la liberté sur parole accordée aux officiers allemands prisonniers en France ne leur serait plus accordée, les officiers français prisonniers de guerre en Allemagne n'étant pas admis à la liberté sur parole.

— Par décision ministérielle, le gouvernement porte la ration de vin distribuée aux soldats dans la zone des armées à un demi-litre par homme et par jour.

— On fait connaître que le fils du général d'Amade, qui servait en qualité de lieutenant dans l'Argonne, vient d'être tué au cours d'une reconnaissance.

En Russie. — Les combats deviennent plus nombreux et plus violents sur l'ensemble du front oriental. Celui engagé sur le front Borginow-Poumine continue. Ceux des Carpathes prennent un caractère de plus en plus tenace. Des forces allemandes très élevées se sont jointes aux armées autrichiennes.

Les nouvelles unités russes de la classe 1914 continuent à arriver sur le front. Leur équipement est complètement neuf. Ces nouvelles unités, que l'on peut évaluer à un million d'hommes, sont pleines d'entrain.

Un télégramme de Genève fait connaître que 30.000 soldats saxons se rendent à Korosmezo afin d'essayer de dégager 120.000 Hongrois qui sont sur le point d'être enveloppés par les Russes.

En Turquie. — On annonce de Pétrograd que la plupart des harems ont été transportés hors de Constantinople. Les ministères ont été transférés en Asie-Mineure.

Les journaux anglais font connaître que Shabib-Pacha, qui commandait le 11ᵉ corps turc qui a été anéanti dans le Caucase, est passé devant un conseil de guerre et a été fusillé.

Documents historiques, récits et anecdotes

Une histoire de prisonniers. — Les tranchées de S... se trouvaient à certains endroits à 60 mètres les unes des autres, si près que tous les soirs nos pioupious entendaient tousser les Boches et vice-versa.

Cela durait déjà depuis plus de trois mois et les factionnaires commençaient à se connaître.

Anton H..., réserviste d'un régiment allemand, trouvait le temps long. Anton rêvait de Paris !

Paris, que le grand état-major leur promettait depuis plus de cinq mois ! Paris, où un de ses amis, naturalisé français, tenait une charcuterie.

Une charcuterie ! Rien que d'y penser, Anton voyait au bout de sa baïonnette une guirlande de saucisses et un immense jambon.

Aussi, H... montait-il sa faction avec mélancolie, et lorsque le « Parisien » L... lui envoya le traditionnel : « Bonsoir, Boche, ça biche ? » H..., qui comprenait et parlait le « franzais », répondit : « Che m'ennuille ! »

— Viens donc chez nous ! cria L...

— Bas zi haut ! fit Anton. Chaipien enfie de fenir, mais les deux autres vactionnaires ils me ferraient !

— Fais-les venir avec toi.

Et H... se mit à parlementer d'abord avec le factionnaire de gauche, ensuite avec celui de droite, puis il fit signe à L... qu'ils allaient venir tous les trois.

— On va déboser nos armes, cria Anton.
— Jamais de la vie ! cria L..., apportez vos « flingues ».

Le soldat L... fut cité à l'ordre du régiment pour avoir, étant sentinelle avancée, fait trois prisonniers armés et les avoir amenés à la tranchée.

Quant à Anton H..., lorsqu'il fut arrivé au camp des prisonniers et qu'on lui demanda s'il voulait écrire à sa famille en Allemagne qu'il était prisonnier, il répondit : « Che suis ba bressé, je brévère égrire à mon gousin le chargutier, à Paris, qu'il m'enfoie des saucisses ! »

Son vœu fut exaucé. — (N..., *Petit Journal.*)

Dépêches officielles
Premier Communiqué

Au nord de la Lys, combat d'artillerie, particulièrement vif dans la région de Nieuport.

A Notre-Dame-de-Lorette (sud-ouest de Lens), une attaque allemande prononcée dans la matinée du 3 a été refoulée par le feu de notre artillerie qui a également arrêté un bombardement dirigé sur la route Arras-Béthune.

Dans la région d'Albert et du Quesnoy-en-Santerre, nous avons détruit plusieurs blockhaus.

Dans toute la vallée de l'Aisne, combat d'artillerie où nous avons pris l'avantage.

Les trois attaques, signalées hier soir, contre nos tranchées de la région de Perthes, Mesnil-les-Hurlus, Massiges ont été effectuées par des forces ennemies sensiblement égales à un bataillon sur chaque point. Les deux premières ont été complètement dispersées sous le feu de notre artillerie. La troisième, au nord de Massiges, a profité d'une explosion de mines pour se porter en avant. L'ensemble de la position a été repris par nous. De nouvelles tranchées ont été construites à quelques mètres de celles que les sapes allemandes avaient bouleversées et qui étaient devenues inhabitables.

Journée calme en Argonne.

En Woëvre et dans la vallée de la Seille nous avons obtenu des succès d'avant-postes et dispersé des convois ennemis.

Dans les Vosges, quelques rencontres entre patrouilles de skieurs et légère progression de nos troupes au sud-est de Kolschlag (nord-ouest de Hartmannsvillerkopf). Le dégel a commencé.

Deuxième Communiqué

Combats d'artillerie en Belgique et au nord d'Arras.

A l'ouest de la route Lille-Arras nous avons enlevé de deux à trois cents mètres de tranchées ennemies.

Près d'Hébuterne (nord d'Albert), notre feu a atteint des rassemblements et des convois.

Tir très efficace de notre artillerie dans la vallée de l'Aisne : batteries ennemies réduites au silence, explosions de caissons, travailleurs dispersés, avions mis en fuite.

En avant de Verdun, nous avons abattu un avion et fait prisonniers les aviateurs.

En Alsace, une attaque allemande près d'Uffholz a complètement échoué.

**Le 18ᵉ fascicule paraîtra incessamment.
Réclamer les fascicules précédents.**

NIORT. — IMP. TH. MARTIN